마케팅을 찢다

마케팅을 찢——다

맹명관 지음

드러커마인드

목차

1부

생각, 찢다
맹사부, 사유(思惟) 하다

21	바보야, 예전의 광고나 마케팅이 문제가 아니야
27	강하거나 지혜롭지 않아도 오래가는 맹모닝
38	사랑은 위기의 묘약인가?-스타벅스의 역리스크전략
42	맹사부, 인생을 마케팅하다
48	유명마케터가 되기 위한 5가지 퍼즐
53	퍼스널브랜드, 전문가가 되기 위한 7가지 조건
57	프리첼의 운명, 페이스북에 양보하다
63	리브랜딩, 리바운드하다
66	이야기로 푸는 맹사부잠언
75	글 잘쓰는 마케터, 55권 출간의 맹사부식 집필전략
80	유능한 마케터가 되기 위한 이기는 협상술
86	골리앗의 오류, 다윗의 지혜
92	마케터 예수를 만나다. 성경이 마케팅을 만나면?
98	마케팅 스페셜리스트는 무엇으로 사는가?
103	프로의 하루는 오페라보다 길다 -당신의 하루는 안녕하신가?

2부

마케팅, 찢다
맹사부, 답(答) 하다

113	설득할까? 참여할까?
119	가까이 볼까? 밖에서 볼까?
124	교환할까? 전환할까?
128	가치를 혁신할까? 혁신을 가치있게 할까?
132	2등으로 포지셔닝할까? 영역을 바꿔 선점할까?
136	공격할까? 방어할까?
141	유일함을 강조할까? 차별화를 우선시할까?
144	월마트를 벤치마킹할까? 아마존처럼 경영할까?
148	감성을 읽을까? 진정성에 초점을 맞출까?
152	대중적으로 갈까? 개인화로 접근할까?
156	구독할까? 공유할까?
160	내부고객이 먼저일까? 외부고객이 먼저일까?
165	빅블러 현상에 머무를것인가? 혁신적인 방법으로 대응할 것인가?
168	불황기, 고수할까요? 전환(pivot)할까요?
171	방관자를 끌어들일 것인가? 파면할 것인가?

3부

컨텐츠, 찢다 (CEO&컬럼)
맹사부, 작(作)하다.

181	데이터, 마켓에서 일내다
184	캐즘(Chasm)인가? 마케팅 트렌드인가?
187	불황기, 해자를 구축하라
190	생존을 위한 체질 개선, 이렇게 하라!
193	예측에서 배우는 기막힌 반면교사
196	리더는 어떻게 좋은 결정을 내리는가?
199	뷰카시대, 복잡성을 제거하라
203	광고 삭감을 신중히 하고 전략적으로 가격 인하를 고려한다
206	영화거장들이 예견한 미래의 과학기술
209	혁신은 왜 파산과 대척점에 서 있는가?
212	후쿠다와 카카오
215	불황기에 귀사(貴社)의 중심은 어디 있는가?
218	120년 된 할리 데이비슨, 성공체험을 소환하다
221	Out Of Box 불황 밖으로
224	가치를 제안하는 기업이 승승장구 하는 이유

227	그때, 노키아는 그 이유로 파산의 종을 울렸다
230	왜 코카콜라는 북극곰을 모델로 사용했을까?
233	불황기 램프증후군은 어떻게 나타나는가?
237	위기의 백신, 정체성을 회복하라
241	감정, 평생고객을 만드는 홀마크

> 서문

오리진(origin) & 레전드(legend)

예전에는 오래 버티면 오리진이라 하고 세월을 잘 견디면 레전드라고 불리울 것이라 믿었다. 30여 년을 한 분야에 있다보니 현역이라는 훈장 외엔 달리 가져올 것이 없다. 이제는 물러날 때도 되지 않았냐는 통박을 듣지만 은근히 남아주어 자신들도 그 길을 가고 싶어 하는 눈치다. 언젠가는 내가 살아온 삶도 정리하고 또 되돌아보아 더 튼실해지고픈 욕망이 있다. 이것도 어찌보면 교만의 일부분인지도 모른다.

크리에이티브 DNA

'세빌리아의 이발사'의 이 대사를 들으면 생전 얼굴 한번 뵙지 못한 할아버지가 생각난다. (낡은 군복의 옛 사진 한 장 속 인물.)

'나는 이 거리에 제일가는 이발사. 어디 그뿐인가? 무슨 일이 있을 때마다 피가로, 피가로 하고 나를 찾으니 나는 이 거리의 만능해결사라네.' 할아버지는 이름난 이발사였다고 한다. 게다가 다재다능하셨던 풍운의 이발사, 만담꾼.

내 흐릿한 기억속에 어둔 밤 같은 곳, 영사실에 아버지가 계셨다. 시네마천국의 어린 소년 토토가 나였다. 글을 쓰고 강의하며 무엇인가 창작한다는 그 뿌리같은 어설픈 그림자.

무엇인가 타고 흐르는 DNA? 딸아이와 사위가 문화계로 뛰어들어 나와 같이 프리랜서의 길을 걷는다. 60을 넘게 살다 보니 할 수 있는 것과 할 수 없는 운명 같은 일을 만난다. 내가 그렇게 살아왔나보다.

사람, 인연

강사로 따져보니 수백만 명 앞에 섬처럼 서 있었다. (2016년에는 현대자동차, 삼성전자 두 회사로만 3만 명의 기록을 세웠다) 내겐 익숙한 인연은 없었다.

새롭게 주어진 환경은 어떤 반응이 올지 모르는 광야였고 굳이 평가에 일희일비하지 않았다. 마치 가야할 길을 가는 사람처럼 가지 않은, 가고 싶지 않은 길을 올곧게 걸었다. 거미줄처럼 얽혔던 인연들. 사람들은 나를 사부라 불렀고 나 또한 그들의 바다(?)가 되었다.

글감옥 수인번호 54

생계를 위해 글을 썼다. 글이 밥이었던 시절이었다. 정동 근처 오래된 건물에 집필실을 두고 공무원처럼 아침에 출근하여 글을 쓰고 저녁에 퇴근하였다. 가끔 그때의 결기가 그립다. 새벽까지 글감옥에 갇혀 허우적 거렸다. 이제 남은 힘을 다해 글을 쓴다. 밥을 위하기 보다는 그냥 좋아서 쓴다. 석방될 그날까지.

찢다, 고마운 이들

첫 제목이 '인생 찢다'였다. 그렇다면 내 인생을 찢어야 하는 슬픈(?)일이 벌어졌을지 모른다. 샌님 같은 출판사 대표가 인생은 좀 그래서 궁여지책으로 마케팅을 찢다로 개명했다. 어찌됐든 55권의 저서가 나오기까지 나와 동행한 하나님께 영광을 올린다. 더불어 이름없이 빛도 없이 도움을 준 이들에게 고개 숙여 감사를 드린다.

40여 년간 함께 살아준 아내와 프리랜서로 입문의 기쁨을 누리는 딸과 사위, 동생부부와 조카들, 93세 나이에 요양중인 나의 어머니 최재희목사, 나의 영적 멘토 새은혜교회 황형택목사님과 성도들, 늘 나의 파트너로 묵묵히 자리하고 있는 최하늬, 이지혜, 하승희 아시아레이크사이드호텔대표, 〈맹명관마케팅아카데미최고위〉과정의 제자들, 스몰자이언트회원, 이성수 원장님, 박미영 이사장님, 기업의별 나동환, 강선애 대표, CEO& 손홍락 대표, 윤은기 회장님, 백희성 작가, 맹클회원들…(나의 뇌는 언제나 부분적인 것만 기억한다. 용서를 바란다.)

> 추천사

　마케팅을 배우러 갔다가 인생을 바꾸고 왔다면 믿으시겠습니까? 맹사부님 스스로는 마케팅 강의라고 하지만 듣는 청중들은 철학으로 걷다가 인생에서 멈추고 영혼을 마주하게 합니다. 수많은 경영자의 마음을 "본질"로 흔들고 양날로 쪼개어 결국 겸손에 이르게 하십니다. 이는 제가 20년간 옆에서 멘토로 모시며 배우는 이유입니다. 저는 늘 궁금했습니다. 왜 "마케팅"이라고 하실까? 이 책을 통해 다시 한번 깨닫게 됩니다. 자신을 찢지 않으면 절대 마케팅에 이를 수 없다는 사실입니다. 저는 20년 더 따르며 자신을 더 찢어보겠습니다. 맹사부님의 마케팅 저서는 인생의 올바른 "길"입니다.

_ 김형환 대표멘토 (1인 기업 CEO 경영캠퍼스)

맹사부가 아침마다 보내는 맹모닝 카톡을 매일 읽는다. 일상적인 일들은 물론 번쩍이는 그의 통찰력을 대하다 보니 감동이 밀려와 그가 보낸 카톡을 보관한 '맹사부 폴더'가 생겼다. 맹사부가 이전에 썼던 54권의 거작들을 다 읽지는 못했지만 최근에 쓴 책들을 보며 지혜를 얻고 있다.

55번째 집필한 이 책에는 35년이 넘도록 한길을 걸어 온 전문가로서의 열정과 통찰력은 물론 한 개인으로서의 인생을 마케팅한 부분을 아주 서정시와 같이 잘 살렸다. 고독한 가장이셨던 아버님(맹수산)과 목사님이신 어머님(최재희)으로부터 하나님을 경외하는 법을 깨닫고 실천한 저자의 신앙적인 모습이 담긴 이 책에서 우리는 그가 생각하는 일상과 마케팅의 현실과 처방을 알아갈 수 있을 것이라고 본다.

Debby Boone 의 'You Light Up My Life'를 들으며

_ 원경희(제6대 여주시장, 전 한국세무사회장)

우선 30여 년간 그 어렵다는 마케팅업계에서 강의와 컨설팅으로 선한 영향력을 미친 스페셜리스트의 저력이 놀랍다. 딱딱한 경영서이기보다는 따듯한 가슴의 수필형식의 필력은 공감대를 넓히기에 충분하다.

실은 55권의 집필은 그가 다작(多作)의 능력보다 끊임없이 컨텐츠 크리에이터로서 위상을 높여왔다는 증거이다. 더불어 마케

팅의 빠른 변화를 긍정적으로 수용하고 전환점을 제시하여 주었다는 점이다. 압권은 시사적이라 하여도 부족함이 없는 예리한 질문에 저자의 통찰력있는 답변은 '맹사부답다'라는 평가가 무색할 것 같다. 혼돈스런 불황기의 솔루션으로 감히 일독을 권한다.

_ 한인석 (K-바이오랩허브 산업단장)

현장 통찰력, 실전적 지혜의 보고(寶庫)

'마케팅의 귀재', '우리 시대의 경영멘토'라고 불리는 맹명관 교수님의 55번째 책 출간을 진심으로 축하드립니다. 늘 한결같지만 이번에도 책에 담긴 알찬 내용으로, 많은 독자들에게 지혜와 통찰력의 세례를 베풀어 주실 것으로 확신합니다.

저자의 지혜와 통찰력이 남다른 이유는, 단지 연구실과 강의실에서 얻어진 '책상물림의 지식'이 아니기 때문입니다. 늘 긴박한 경영 현장의 CEO들과 적극적으로 소통하고, 하루가 다르게 급변하는 경제 전선에서 벌어진 결과를 깊이 분석하며, 각종 포럼과 컨퍼런스의 학문적 교류를 통해 수확한 보석같은 결실들입니다. 독자들은 이 책에서 찬란하고 귀한 보석들을 발견하는 행운을 맛보게 될 것입니다.

멘토라는 이름에 걸맞게, 저자는 오랫동안 축적한 지식과 지혜의 사회적 나눔에도 주저하지 않습니다. 지난 2024년 10월

25일, [월간CEO&]은 '2024 CEO의 날'을 제정하고 열여덟 분의 CEO를 선정해 '한국CEO경영대상'을 시상했습니다. 당시 저자는 조직위원회에서 매우 중요한 역할을 담당해 주셨습니다. 맹명관 교수께서 제시한 탁월한 아이디어 덕분에 행사는 더욱 빛이 났고, 공정하고 권위있는 시상이 될 수 있었습니다. 지면을 빌어 다시 한번 감사의 인사를 전해 드립니다.

저 역시 일생을 글쟁이로 살아왔지만, 보고 느끼고 깨달은 지식을 다듬어 한 권의 책으로 내놓는 작업은 지난(至難)하고 고된 정신노동입니다. 많은 저자들이 자신의 집필과정을 스스로 산고(産苦)라고 표현하는 것은 결코 과장이 아닙니다. 그러한 산고를 무려 쉰다섯 번이나 견뎌낸 저자의 초인적인 인내심에 진심으로 경의를 표하지 않을 수 없습니다. 고통스러운 줄 알면서도 매번 세상에 기여하는 도전을 멈추지 않는 저자의 이타심에 힘찬 응원의 박수를 보냅니다.

또 한 번의 산고 끝에 세상에 나온 역작, [마케팅을 찢다]에는 저자의 풍부한 경험, 기발한 상상력, 무릎을 치게 만드는 통찰력이 고스란히 담겨 있습니다. 이 책의 미덕을 더 많은 이들과 공유해보고 싶은 발로에서 주저 없이 일독을 권해 드립니다.

_ 손홍락(월간CEO& 발행인·(주)CEO파트너스 대표이사)

소위 전문가로 제한된 생각과 말을 했다면
이젠 고삐풀린 망아지처럼
자유로운 생각과 글 나부랭이라도
세상에 던지고 싶다.

살아온 이유같은 잡문과
역발상적인 지식 하나로 던지는 단 한 단어

왜?

1부
생각,
찢다

맹사부, 사유(思惟) 하다

바보야, 예전의 광고나 마케팅이 문제가 아니야

지금은 디지털로 인해 위세가 줄었지만 과거 광고는 마케팅과 혼동될 정도로 기업활동의 대부분을 차지했다. 밀레니엄세대를 앞두고 출간한 필자의 '광고노트'에는 광고의 기능을 이렇게 적시하고 있다.

그당시 신문광고에는 이런 헤드라인이 실려있었다.
"만약, 지금 읽고 계신 신문에서 광고가 사라진다면 어떤 일이 생겨날까요?"

위 문구는 광고가 없어지면 정보의 통로가 막힐텐데 그 세상을 상상이나 하겠느냐는 일종의 협박(?) 같이 들리는 카피였다. 호랑이 담배먹던 시절의 얘기로 들리지만 그 당시의 광고의 정보기능은 대단히 위협적이었다. 신제품이든, 세일이든 '광고'라는 통로 하나에 의지하던 시절.

두 번째 기능은 설득의 기능이었다. 이 기능은 당시 핵심적인 기능으로 평가 받았다. 소비자의 욕망(wants)과 필요(needs)를 찾기 위해 마케터는 시장을 뒤지기도 하였다. 물론 시장에서 얻은 자료를 전략화하고 표현에 담는 일은 전문가의 몫이었다.

마지막으로 광고는 오락의 기능을 보유하고 있었다. 그중 대표적인 것이 유머광고였다. 쉽게 설득되지 않는 컨셉을 순화시키기 위해 유머는 전략적으로 활용되었다.

그러면 마케팅은 어떠했을까? 과거에 마케팅은 판매와 영업의 동의어로 쓰였다. 회사의 부서명도 혼돈하여 사용하였다. 마치 광고가 판촉이나 PR로 쓰여지듯이.

그러나 분명한 것은 판매나 영업은 마케팅의 일부분이지 전부가 아니라는 사실. 현대 마케팅의 대가 필립 코틀러(Philip Kotler)는 "마케팅이란 당신의 경쟁자보다 한층 더 고객을 만족시키는 일종의 예술행위"라는 추상적인 개념을 제시했으며 추후 그는 마케팅은 고객을 만족시키는 도구라고 언급하였다. 그의 마케팅 정의는 이렇다.

"고객가치를 창출하고 전달하며, 전달된 가치를 고객에게 소통하여 고객과 기업이 서로 이익을 얻는 과정"

한마디로 마케팅은 상품 판매에 국한시켜서는 안된다는 점을 강조하고 있다.

당시 미국 마케팅학회는 "마케팅이란 고객, 거래처, 파트너 및 사회 전반에 가치가 있는 제공물을 창출, 소통, 전달 및 교환하기 위한 활동, 제도 및 과정이다"라는 같은 의미로 마케팅을 정의하였다. 여기에 혁신이라는 단어가 붙는다. 혁신적으로 제품을 생산하고, 소비자에게 알리고, 소비자의 구매선택을 이끌어내는 과정말이다.

그러나 여기서 주목할 것은 디지털시대 이전에 소비자는 기업이 리드하는 대로 수동적인 소비자였다는 것이다. 경쟁력 있는 제품을 생산하여 가격을 정하고 판촉활동을 통하여 유통에 흘려 내보내는 싸이클 속에 소비자가 존재했다.

흔히들 마케팅을 '거래를 통한 브랜드'라면 기업은 브랜드를 소비자에게 인지시키는 주체로 평가했다. 마케팅은 매스(mass)라는 큰 덩어리에서 타깃, 니치(틈새), 인디비주얼등 디지털 마케팅 시대에 이르기까지 세분화되는 단계를 거치기 시작했다. 1999년 말 기업에는 서버 및 네트워크등 기초적 디지털 인프라를 구축하는 작업이 실행되었는데 음악이나 엔터테인먼트등 디지털이라는 생소한 이름의 상품들이 런칭을 준비하고 있었다.

우리 기억에도 남아있는 동창커뮤니티 '아이러브스쿨'이 그 예이다.(생존경쟁력/맹명관저) 맘속에 간직하고 있는 추억의 학교와 실제 학교를 사이트에 담아낼 수 있는 대안학교로 과거와 현실을 모두 보듬은 '새로운 세상'의 포탈커뮤니티인 아이러브스쿨은 3가지 변화의 시발점이었다.

첫째, 매스(mass)라는 무명속에 갇혀 있던 고객이 실명 기반의 커뮤니티를 형성하였다는 것이고 둘째, 유용한 컨텐츠의 실체와 편리한 상거래 및 원활한 커뮤니케이션의 뉴미디어 채널로 런칭 되었다는 것이다. 마지막으로 이 시기에 초고속통신망 보급과 네티즌의 급격한 확장은 아이러브스쿨의 충성도를 높여주는 직접적인 요인이 되었다는 것이다. 이후 싸이월드의 등장은 온라인을 통해 고객이 정보를 주고 받고 커뮤니케이션의 주체로 성장하는 계기가 되었다. 디지털카메라와 모바일의 등장은 더 이상 기업이 고객을 관리하거나 통제할 수 없다는 사실을 여실히 보여주고 있다.

2000년초 인터넷 기반의 상거래와 디지털 비즈니스전략이 본격화 되었다. 그중 대표적인 기업이 '아마존'이다. 아마존은 인터넷에서 책을 파는 아이디어로 출발하여 세계 최초 전자상거래 서비스를 만든 기업이다. 이들은 고객경험에 주안점을 두었다. 아마존은 과거 수동적으로 정보를 제공하고 마케팅이나 광고로 설득하여 구매력을 높이는 전략은 유명무실하다는 것을 깨달았다. 따라서 고객경험을 성장동력으로 연결하는 '플라이휠(Flywheel)' 전략을 설정하였다.

예를들면 아마존은 초기 낮은 가격으로 고객들의 인터넷쇼핑 경험을 유도하면서 트래픽(traffic: 유입된 방문자 수)이 증가했고 이런 현상으로 인해 판매자가 모여들고 상품군이 다양해짐으로 해서 유통과 가격이 저렴해지는 아마존만의 경험을 쌓게 된다. 이런 선순환구조로 아마존은 사세를 확장해 나갔는데 소비자 주도의 변화는 2010년 이후 디지털 트랜스포메이션단계에 이르러 비즈니스모델 및 경영전략에 획기적인 전환을 마련한다.

당시 클라우드 기반의 교육(온라인 라이브러리, 비디오 강의, 시뮬레이션 프로그램 등 다양한 자원을 통한 교육)이 늘어 났으며 원격소프트웨어의 등장과 AR(증강현실), VR (가상현실) 그리고 반도체 등 디지털 기반 사업이 호황을 누리게 된다.

전반적인 디지털전환이 고객과 시장에 파괴적 변화를 몰고 왔으며 디지털 관점으로 산업구조가 개편되었다.

코로나19의 재앙은 소비자와 기업의 쌍방향소통이 이루어지게 하였으며 소비자의 자발적인 참여가 필수적인 요소가 되었다. 더불어 기업은 고객의 인스타그램의 헤시태그를 분석하거나 무료 어플리케이션을 통해 pain point를 분석하고 트렌드를 반영한 흥미로운 콘텐츠를 통해 리얼타임의 상황을 눈여겨 보게 되었다.

실제로 메타버스를 통해 가상현실보다 더 진화한 개념으로 사회적, 문화적 활동이 가능해진 고객은 이전 보다 더 개인주의가 강화됐으며 콘텐츠를 통해 맞춤서비스를 애용하게 되었다.

이런 모든 현상은 소비자의 가치관 변화는 물론 기업과 소비자의 포지셔닝을 바꾸는 계기가 되었으며 A.I혁명이라 불리우는 챗GPT의 출현은 마케팅을 자동화하고 대화형 A.I도구를 사용하여 더 이상 예전 마케팅이나 커뮤니케이션 전략으로는 효율성을 기대할 수 없게 되었다.

과거처럼 브랜드나 고객충성도, 포지셔닝에 의존할 수 없게 된 현실에 고객은 자발적으로 홍보하거나 자신을 일체화하는 브랜드 디깅(Brand Digging) 또는 기존의 학습이나 가치를 파괴하는 브랜드 리포지셔닝(Brand Repositioning)으로 변화된 모습을 보인다.

결론적으로 고객의 파괴적인 변화는 기업이 이들을 대하는 전략에서 획기적인 전환을 요구한다. 더 이상 정보의 주도권을 쥐고 설득하려하거나 흥미로 충성도를 얻어내려 해서는 안 된다는 사실을 일러주고 있다.

고객은 어떤 채널에서 어떤 컨텐츠를 선택할 것이며 어떤 영향을 미침은 물론 어떤 부류와 연결되었는지 기업은 꼼꼼히 살펴보아야 한다.

"시장에서 수많은 경쟁자를 물리치고 승자가 되기 위해서는 날카로운 눈빛으로 소비자를 관찰해야 한다. 그들의 모든 것을 알아 내겠다는 자세로 덤벼야 한다. '강박적'이라 할 정도로 소비자에게 관심을 쏟아 시장의 통찰력을 얻는 자가 승기를 잡을 것이다"라는 초코렛 제조업체 허쉬 CEO 미셸 벅의 포춘지 인터뷰는 챗GPT 혁명 앞에 우리에게 시사하는 바가 크다.

분명한 것은 고객을 이기는 기업은 없으며 예전의 방식으로는 해법이 없다는 것.

강하거나 지혜롭지 않아도
오래가는 맹모닝

15년간 아침이면 맹모닝 회원은 단상같은 톡을 하나 받는다. 신선한 우유와 조간신문을 받듯 그들은 새벽에 전달되어 오는 나의 생각과 통찰력을 제공받는 것이다.

어떤 이는 "제가 감히 댓글을." 하고 겸손히 말하고 어떤 이는 의무적으로 치열하게 장문의 톡을 보내오기도 한다. 옳고 그름이 아닌 다름의 생각을 나누자는 나의 의도에 고맙게도 동의해 준다.

이 글을 씀에 나만의 원칙이 있다. 나의 속깊은 삶이나 누구를 겨냥한 얘기는 절대로 다루지 않는다는 것. 그렇게 15년이 흘렀다. 누군 책을 내자는 사람이 있고 어떤 이는 SNS매체를 통해 확장하자고 권유하는데 나의 일관된 생각은 그날 전해진 맹모닝은 그날로 소비하는 것이므로 전혀 그럴 의도가 없다는 것이며 극구 손사래친다.

이렇게 전달받는 것이 고마운지 어느 제자는 "매일 아침, 나는 선물을 받습니다. -시작이 있는 아침이 있어 행복하다"라는 제목으로 책처럼 제본하여 보내왔다.

여기에 20개 정도의 짧은 맹모닝을 일, 사랑, 관계, 삶에 대해 실으려고 한다. 하여 목마름을 조금이나마 달래려 한다.

1. 시간, 외로움, 우리 모두

자연속에 있다보니 나도 자연이 되었다. 존재함으로 기쁨이 되는.

그냥 이대로 나무가 될까 보다. 그냥 이대로 바람이 될려나. 자연스럽게ㅋ

너무 빠르게 한 해가 간다. 너무 무디게 시간을 보낸다. 종착역도 모르고 시간은 간다. 그래서 오늘 하루가 소중한 것이다. 어제 이 땅을 떠난 이들의 소망, 그리고 당연히 올 것이라 느꼈던 시간들. 이 해이니 이 시간을 금처럼 쓰자. 하루를 살아내기가 쉽지는 않다.

어이없이 맞은 마지막 달! 마지막 잎새처럼 처연하건만 나는 빈손의 나그네 되어있다. 무엇을 바라고 이 시간들을 보내왔던가? 해는 기울고 사위는 어두운데 파르른 작은 빛 하나. 아마 가슴에 걸린 작은 브로치 같은 내 영혼일게다.

제주의 푸른 밤을 보다. 제주를 담고 제주를 닮고 싶다. 저 한

많은 바다에 인간의 생존과 한이 있었던. 우리에게도 저마다의 섬이 있다. 이어도의 흔적이 있다.

너만 알아라 하지말고 모두가 알자. 우리만 하자 하지말고 모두가 하자. 이 세상에 편가르고 숨기는 것이 얼마나 어리석은지 우리 모두는 또 안다.

2. 사람, 그리고 성정

그럼에도 불구하고 포용하고 이해하는 너그러움이 내겐 없다. 어른스러움이란 무엇일까? 아파도 이 까짓것 하고, 오해를 받아도 참고 감정의 실타래가 풀릴 때까지. 인내하고 기다리는. 서운해도 '그렇지 뭐.' 하고 넘길수 있는 내안에 그런 '어른'을 만나고 싶다. 난 아직 천둥벌거숭이다.

휴식을 해치우려고 하지 마라. 특별한 일상이라고 그냥 그렇게 보내지마라. 시간은 늘 그렇듯 흐르면 다시 돌아오지 않는 것. 하여, 시간의 주인이 되라.

분노라는 조각, 증오라는 조각, 질투라는 조각, 이제 이들 조각을 덜어내자. 비움으로 채워질 그날을 기다리며.

시간이 지난 뒤에 안다, 그 사람의 진실을. 뒤돌아보면 안다, 그 사람의 속내를. 온갖 풍파를 다 겪은 마을 앞 고목은, 무상함을 안다. 무념의 의미를 안다. 오래가야 안다. 세상만물의 이치를. 바람은 고목을 흔들 수 없다는 작은 진리를 또 알게 된다.

3. 겨울, 그 아련한 기억 속으로

외투를 찾는다. 겨울인가보다. 그렇다고 뜨거운 열정을 식힐 필요는 없지 않은가? 오래된 조끼처럼 따숩게 모든 것을 안고 싶다. 겨울이되면 어머니는 먹거리부터 걱정했다. 그때 그 겨울은 왜 그리 길고 추웠던지. 연탄과 김장이 월동준비의 전부였던 시절. 나는 지금 어떤 준비로 겨울을 맞이해야 하나. 이 초겨울 어귀에 나는 갈길 몰라 하네.

맑은 하늘을 보며 첫 눈을 꿈꾼다. 설렘 속에 기다렸던 추억들이 와르르르. 내 빈가슴을 채우고 변하지 않은 옛 일상들이 되살아난다. 첫눈 오는 날 사부작사부작 눈 밟고 오는 사슴 앞발 같은 너를 밤이 새도록 기다린다. 주체할 수 없는 다정의 그날!

4. 꿀물 한잔 드세요.

시험발표가 났던 날. 이불을 뒤집어 쓰고 우는 내게 어머니가 말했다. '괜찮다! 푹 자고 따뜻한 꿀물 한잔 마셔라' 어렵고 힘들 때마다 이 말을 기억한다. 푹자고 꿀물 한 잔 마시자. 내일엔 맑은 해가 뜬다.

5. 오늘, 지금이 좋다.

이십대로 돌아가지 않겠다. 그때는 가난하고 우울한 그리고 칠흑 같은 절망만이 있었다. 삼,사십으로 돌아가라 하면 나는 손사래를 칠 것이다. 그때에는 잦은 실패와 사람들로부터 많은 상처를 입었다. 중년이후 나는 내 삶이 좋다. 좀더 정확히 말하면 지금이 좋다. 통찰력이 생겨 사람 볼줄 알고 부화뇌동하지 않으며 내가 나를 충분히 관리할 수 있기 때문이다. 나는 돌아 갈 나이가 없다. 그저, 오늘 지금이 좋다.

6. 그것은 은총이었네.

평생 내 나이만큼, 내 키만큼 꾹꾹 눌러가며 글을 썼다. 책이 팔리든 그렇지 않든 상관없이 밤을 하얗게 새웠다. 그것은 그냥 나의 재능인줄 알았다. 그래서 베스트셀러가 되면 우쭐했고 반응이 내가 생각한 대로 나오지 않으면 위축됐었다. 그런데 최근에야 알게 되었다. 그 달란트 아닌 달란트가 은총이었음을. 바다같은 은혜였음을. 그래서인지 55권째 집필을 즐기며, 마음 한편으론 고마워하며 글을 쓰고 있다. 과거 글감옥이네 뼈를 깎는 고통이네 했던 교만이 안개처럼 사라졌다. 고맙다. 하나님께 감사!

7. 내게 꽃 한송이 보낸다. 그래도 조금 부족한대로.

내가 나한테 말한다. 힘들었지? 가슴속의 내가 또 내게 말한다. 외로웠겠구나. 마음속의 내가 나에게 말했다. 괜찮아! 나를 다독이고 진무하는 일. 힘든 내게 꽃 한송이 보낸다.

레몬이 안되면 레모네이드가 되라. 조금 부족해도 좋다. 인생의 전부를 다 투여해 기진하지 마라. 다음의 기회가 저만치 기다리고 있다.

8. 천천히, 더 천천히

천천히 걸으면서 생각했다. 나이가 들면 천전히 걷고 생각하는 것이라고. 천천히 먹고 천천히 말하고 결정하는 것이라고. 이제 와보니 나는 가속도를 더해 나를 마구 밀쳐댔었다. 천천히 가라. 그안에 평안이 있다. 이게 오묘한 순리였다.

9. 내가 나됨은

내가 오늘 어른의 길을 걷게 됨은 엄하지만 따듯한 스승이 계셨기 때문이다. 내가 오늘 전문가가 되어 있음은 부족하지만 어깨를 빌려준 동료가 있었음이다. 내가 이나마 존경받으며 사는 것은 옳고 그름을 떠나 들어주고 인정해 준 이름모를 그들이 있어서이다. 이름없이 스쳐간 그 모든 것. 내가 나 됨은 바로 그 이유이다.

너라면 할 수 있는 게 많아. 너라서 알 수 있는게 많아. 너니까 줄 게 많아. 너는 내게 또다른 우주!

풀잎은 바람에 쓰러지지 않는다. 그림자는 밟아도 지워지지 않는다. 흔들리지 않는 존재감!

10. 단순함, 본질. 그 위대함

인생은 미적분을 푸는 게 아니다. 인수분해만 하면 된다. 감정은 소설로 묘사되는 것이 아니다. 한 문장만 읊으면 된다. 삶은 뮤지컬이 아니다. 새처럼 지저귀는 것이다. 복잡한 생각을 버리고 단순하게 행동하라.

본질을 버리면 껍데기이다. 비록 포장이 화려할지라도 이내 알맹이가 없으면 버려지기 마련이다. 본질 하나 충실해도 결론이 날 것을 향기가 화려한 조화처럼 꾸미고 만든다. 자연스럽게 하라. 기다리고 기다리라. 본질이 다 드러나기까지.

11. 일탈

어제와 같은 오늘보다 내일 같은 오늘이었으면 좋겠다. 삶을 거꾸로 산다면 오늘은 어디쯤일까? 반복된 일상보다 일탈된 하루를 살고 싶다.

삽자루 하나로 집을 짓는다면 마음하나로 빌딩은 못짓겠나. 오늘은 마음 가는대로 살아보자.

12. 다른 사람

건강한 기업가정신의 표상으로 평가 받는 데일 카네기의 묘비명엔 이렇게 쓰여져 있다고 한다. "자기 자신보다 더 현명한 사람들을 주변에 모여들게 하는 능력을 가진 한 남자가 여기에 잠들다." 이 묘비명은 카네기 생전에 직접 준비해 둔 것으로 알려져 후세 사람들을 놀라게 한다. 지금까지 우리가 알던 리더십의 프레임을 깬 사례가 있다. 제너럴 일렉트릭의 회장이었던 잭 웰치의 저서에 실린 한 문장이다. "나는 1인칭을 사용하는 것이 정말 싫다. 지금까지 내가 이룬 것은 다른 사람들이 있었기에 가능했다". 이들의 겸손함과 진실함에 고개가 숙여진다. 불행한 것은 이상형의 리더가 보이지 않는다는 사실이다. 독단적이며 이기적인 리더가 판치는 세상, 다시 자신을 되돌아본다.

13. 즐거운 택배

'언제든 시간만 내주세요' '계셔주셔서 감사해요' '베푸신 거에 비하면 부끄럽게' '제게 좋은 멘토가 되어 주셔서 감사해요' 오늘도 즐거운 덕담의 택배가 온다. 부끄럽고 미안하게 답장이 늦어진다. 한 문장 한 문장 되새기느라. "행복하거라…" 그렇게 15년이 흘렀다. 여러분이 따듯한 한종지의 밥이 되어 주세요.

14. 가치가 최고의 선

가치를 가격으로 비교하지마라. 가치에 머무르지 않고 가치를 혁신하라. 상대적으로 경쟁하지 않고 절대적인 위치를 포지셔닝하라. 가치는 지금, 최고의 선이다.

15. 가지 않은 길, 그래도 간다

오늘은 가지 않은 길을 가봐야겠다. 그곳은 풀이 우거지고 사람이 다닌 흔적이 없는 미지의 땅. 지금 내가 딛고 있는 땅도 그러하리라. 오늘 내가 걸어가는 길이 또 다른 길을 걷는 이유가 되어지기를.

16. 의미있는 고장

우주비행 중에 비행사간의 다툼이 있으면 지상의 나사(NASA: 미국항공 우주국)에서는 비행선의 어느 한 곳을 고의로 고장을 낸다고 한다. 그러면 언제 그랬냐는 듯 고장난 부분을 고치기 위해 그들은 하나가 되어 분쟁을 그친다고 한다. 자, 어디부터 고장을 내야 하나. 지혜가 필요한 요즘이다.

17. 하버드대 강의장에 써붙인 글귀

하버드대 강의장에는 이런 글귀가 붙어 있다고 한다. '이 세상에 진정한 어려움은 없다. 다만 어려움에 맞설 자신감이 부족할 뿐!' 아울러 그들의 성공비결은 이렇다고 한다. '바다를 건너는 것이 목표라면 거센 파도 앞에서 멈추지 마라. 더욱 먼 곳으로 가고 싶다면 고난 앞에서 신념이 흩어지도록 놔두지 마라. 저 높은 하늘로 날아오르고 싶다면 스스로 날개를 활짝 펴고 바람을 거슬러 날아라' 달라도 한참 다른 성공비결.

18. 유일함

홍수가 나도 마실 물이 없다. 사람은 지천이어도 진정 나를 아는 이는 없다. 지식은 넘쳐도 시대를 이끌 참지식은 없다. 사랑의 표현은 다양해도 진정성 있는 고백은 없다. 흔한 것보다 유일한 것이 필요한 이유.

19. 인생의 비극이란.

인도 델리사원에는 작자미상의 글이 새겨져 있다고 한다. '인생의 비극은 목표에 도달하지 못하는 것이 아니라 도달할 목표가 없다는 데에 있다. 꿈을 실현하지 못한 채 죽는 것이 불행한 것이 아니라 꿈을 갖지 않은 것이 불행하다. 새로운 생각을 하지 못한 것이 불행이 아니라 새로운 생각을 해보려고 하지 않을 때 이것이 불행이다. 하늘에 있는 별에 이르지 못한 것이 부끄러운 일이 아니라 도달해야 할 별이 없는 것이 부끄러운 일이다. 결코 실패는 죄가 아니며 바로 목표가 없는 것이 죄악이다.'

20. 밥먹자!

시인인 적이 있었다. 시가 밥이었다. 카피라이터로 산 적이 있었다. 카피가 나의 밥이었다. 강사로 살고 있다. 아직도 강의가 내 밥이다. 밥없는 혹한기가 오면 나는 곡기를 끊어야 하나? 일 없는 노후는 그래서 죽음이다. 어느새 나는 '노인과 바다'의 노인이 되어가고 있다. 그래도 오늘은 밥먹자.

21. 우리는 천국의 꽃이다

신혼여행길에 불의의 사고로 남편을 잃은 젊은 신부는 거의 곡기를 끊고 칩거에 들어 갔다. 왜 내게 이런 일이 일어났을까? 세상이 밉고 하나님이 원망스러워 다니던 교회도 발길을 끊었다. "하나님! 이러실 수 있으십니까?" 통곡하며 울부짖는 며느리를 한참이나 지켜보던 시아버지가 정원으로 며느리를 불렀다. "며늘아가야. 꽃 한송이 꺾어주련?" 며느리가 꽃 한송이를 꺾어오자 시아버지가 물었다. "왜 이꽃을 꺾었지?" "이 정원의 꽃중에 제일 예뻐서요." 시아버지가 그렁그렁한 눈길로 이렇게 말했다. "네 남편도 하나님이 보시기에 너무 이뻐서 하나님이 하늘나라 정원에 가져가신 것이란다. 우리 그 정원에 이쁜 꽃으로 다시 만날 소망으로 살자." 시아버지도 울고 며느리도 울었다. 그렇다. 우린 천국의 향기 나는 꽃이다.

사랑은 위기의 묘약인가?
-스타벅스의 역리스크전략

    2008년 스타벅스의 창업자 하워드 슐츠는 금융위기와 던킨 같은 강력한 경쟁자가 있었음에도 양적팽창에 몰두했던 임직원에게 아래와 같은 한 통의 편지를 보냈다.

    "우리는 성장에만 집착한 나머지, 기업의 핵심가치를 점점 놓치고 있었다. 경영진의 결정에서, 각 매장에서 그리고 고객들의 모습에서 스타벅스의 설립기반이 되어준 고유의 특성들이 점차 사라져갔다. 우리가 만들어내는 것들이 우리 자신의 삶을 변화시키듯 다른 사람의 삶도 변화시켜야 되지 않겠는가?

    지금껏 스타벅스는 커피 그이상의 가치를 추구해 왔다. 회사와 직원들을 생각할 때면 언제나 떠오르는 단어가 있다. 바로 Love, 사랑이다.

    나는 진심으로 스타벅스와 파트너들을 사랑한다. 우리가 지금

껏 노력해 온 모든 과정에 사람에 대한 애정이 담겨있다. 2008년 다시 스타벅스의 CEO가 되었을 때, 나는 다시금 모든 사람들이 스타벅스와 사랑에 빠지길 간절히 바랐다. 오직 그 한 가지 바람으로 엄청난 타격을 예상하면서도 미국 전역의 매장을 일제히 닫기로 결심한 것이다. 나는 두려움을 떨쳐냈다.

그리고 그 자리에 마치 카드를 뒤집기 직전의 갬블러처럼 기대감과 희망을 채워 넣었다. 어떤 비평가들은 우리 스스로가 실패를 자인함으로써 스타벅스 브랜드의 명성을 영원히 훼손시켰다는 등의 가혹한 논평을 서슴지 않았다. 그러나 나는 우리가 옳은 일을 했다고 확신했다. 우리 직원들에게 투자하는 것만큼 값진 일이 또 뭐가 있겠는가? 자기 자신에 대한 믿음과 옳다고 생각하는 것에 대한 신념이 있어야만 모든 장애물을 뛰어넘고 멋진 삶을 펼칠 수 있다."

이 편지를 읽다 보면 파산 직전의 경쟁력을 잃은 회사로 복귀하는 CEO의 결연한 의지보다는 그가 언급한대로 사랑이라는 감성적 언어와 실행을 강조하고 있는 창업자의 따뜻한 마음이 느껴진다.

2008년 서브프라임 모기지 사태로 구매력이 떨어진 소비자에게 저렴한 맥커피의 등장은 매력적이었다. '맥도날드가 그간 쌓아온 신속성과 편의성이 커피사업에서도 통할 것이며 커피사업 진출시 매장당 12만 5천 달러의 추가 매출이 이루어진다'는 장밋빛 전망도 자체조사에서 나타났다. 스타벅스의 입장에서 보면 엎친 데 덮친 격으로 2007년 컨슈머 시음테스트에서 맥도날드 커피가 스타벅스보다 낫다는 평가가 나왔다.

자신감을 얻은 맥도날드는 '4달러짜리 커피를 마시는 것은 바보같은 짓이다'(four bucks is dumb, 'Buck'는 달러를 뜻하는 단어이지만 여기서는 스타벅스를 암시한다.) 라는 비아냥조의 옥외 광고를 내걸었다.

이런 상황에도 하워드 슐츠는 비즈니스의 상태를 개선하고 고객과의 정서적 애착을 다시 불러 일으키며 비즈니스의 근본적인 변화를 위해 소통할 것을 약속했다. 놀랍게도 고객과 파트너와의 사랑을 복원하기 위해 그는 놀라운 결단을 하게 된다. (사랑에는 조건이 없지 않은가?)

2008년 2월 26일 오후 5시 30분부터 9시까지 미국 전역의 7,100개 매장의 문을 닫고 13만 5천 명 바리스타를 대상으로 에스프레소 엑설런스 트레이닝을 진행했다. 이는 파트너들을 고무시키고 참여시킬 뿐 아니라 고객들과 감정적 교감에 불을 붙이는 혁신운동으로 연결되었다.

위기 앞에서 CEO는 고객과 시장에 대한 사랑을 멈추어서는 안된다. 과거 미국 품질학회의 재미난 통계가 있었다. '기업이 고객을 잃어버리는 경우'에 대해 조사한 결과 1%는 사망에 의해, 3%는 이유도 없이, 5%는 친지의 권유에 의해, 그밖에 14%는 제품이나 서비스에 불만을 갖고 떠나는 경우였다. 더욱 놀라운 것은 60%가 직원의 무관심한 태도에 의해 떠난다는 사실이었다. 자신의 종업원을 가장 소중한 자산으로 여기고 고객에게 실질적인 보상프로그램으로 위기를 극복한 스타벅스의 사례는 사랑이라는 감성적 해법이 얼마나 중요한지 깨닫게 되는 시금석이라 아니할 수 없다.

맹사부,
인생을 마케팅하다

1. 다락방, 그리고 만화방 – 상상력을 기르다

나의 유년시절엔 번듯한 책방이나 미디어시설이 전무한 초결핍의 시대였다. 놀잇감이라고는 돌멩이 몇 개, 조악하게 접은 딱지, 자연에서 얻은 소재 등.

다행히 나의 집엔 창고로 쓰이던 작은 다락방이 있었다. 그곳에는 집안의 온갖 잡동사니가 질서 없이 쌓여 있었고, 그 한귀퉁이 어린아이 하나 들어갈 공간에서 나는 상상의 나래를 펴곤 했다.

초등학교 시절, '문고'라 하여 여러 분야의 책을 대여해 주었는데 하교 후엔 대여해 온 책을 들고 다락방에 오르는 것이 나의 유일한 습관이었다. 그때는 세상 만물에 대한 갈증이 어찌나 심했던지.

내가 살던 산동네에는 먼 친척이 운영하는 만화방이 있었다.

단지 친척이라는 이유로 무료로 만화책을 볼 수 있는 특권이 주어졌는데 나는 그곳에서 별천지 같은 상상의 세계를 보았고 로봇을 만났으며 지구를 지키는 정의의 투사를 만났다.

2. 책을 만나다. 삶이 바뀌다

가난한 시절, 먼 이국의 풍경을 보며 가슴 한켠에 일던 방랑을 잠재웠던 것은 한국 최초의 세계여행가 김찬삼 교수의 '세계여행기'였다. 나 이외에 지구상에 다른 문화와 사람이 살고 있다는 것은 충격적이었다.

정의로운 아이의 이야기를 담은 '억만이의 미소'. 당시 명랑소설이라는 부류의 소설로 조흔파의 〈얄개전〉, 최요한의 〈개구장이 나일등〉이 기억난다. 당시에도 어둡고 힘든 세상을 즐겁게 만들려던 작가가 꽤 있었던 것 같다.

그리고 사춘기, 내 책장을 가득 채웠던 문고판과 나의 청년기 밤을 하얗게 새우게 했던 문학전집. 내가 힘들고 방황할 때 책은 등불과 같이 길을 안내해 주었고 지식의 바다에서 무엇인가 탐구하려는 의지를 북돋아 주었다.

얼마나 많은 책을 읽었으며 읽고 있는가?

이 길고 긴 고마운 동행.

3. 카피라이터, 광고의 세계로 빠져들다.

마케터인 내가 한 때 카피라이터였다는 사실과 80년대 이후 이름난 캠페인을 만든 당사자라는 팩트에 주변인들은 놀라기도 한다.

잘나가던 직장을 팽개치고 그 험난한 광고계로 뛰어든다고 했을 때 주위의 만류는 상상을 초월했다. 내가 아는 광고의 지식이란 고작 TV, 잡지, 신문 등의 매체를 제작하는 정도였지 이론도 실무도 백지인 상태였다.

그럼에도 불구하고 손바닥만한 광고를 보고 '저를 안 뽑으시면 후회하실걸요?'라는 헤드라인의 정신나간(?) 자기소개서를 보냈으니.

대기업 광고를 진행하다가 부도 일보 직전이었던 그 광고대행사는 내게 어떤 보상도, 무슨 일을 줄지에 대해서도 노코멘트였다. 아! 기억난다. 불꺼진 복도와 높은 계단에 굴러다니던 먼지를. 그리고 나는 미쳤다. 내게 광고는 미칠 광(狂)이었다.

카피를 쓰고 처절히 코피 터지게 수정을 하고 연이어 막장 같은 회의를 하고. 그 결과 매일 아침 조간신문에 실렸던 나의 자식 같은 카피들. 쓴 커피를 빈속에 부으며 느꼈던 그 짜릿한 느낌. 제 정신으로 살기에 상황은 척박했다. 카피를 쓰던 그 시간들은 내가 살아있음을 확인하는 열정의 도가니였다.

일본 광고업계를 보러 일본행 비행기를 탔다. 당시 1조 시장이던 우리 광고업계는 변변한 전문 서적 하나 없을 때였다. 동경서점에서 본 광고 서적의 양은 나를 흥분시키기에 충분했다. 귀국 후 내가 일본에서 가져온 40여 권의 광고 전문 서적 중 한참 동안 광고인의 교과서가 되어 주었던 우에조 노리오 선생의 '카피 교실'.

지금도 뜨겁게 광고에 불타올랐던 충무로 길을 걷는다. 기라성 같은 선배와 첫 식사를 했던 중국집 서동관. 사라져 흔적이 없는 식자 및 제판집 자리. 일과 더위에 지친 우리를 소생하리만큼 활력을 주었던 골뱅이가 일품이었던 생맥주집.

결혼과 더불어 더 나은 환경을 위해 제약회사로 옮길 때까지 광고에 대한 나의 무조건적인 사랑은 계속되었다.

4. 집필, 뼈를 깎고 혼을 갈아 넣는

이 책이 나오면 55권의 저자가 된다. 내 서재에는 순회코스가 될 정도의 책이 많다. 어떻게 무슨 마음으로 이 많은 책을 발간했을까?

그 수많은 책중에 어떤 책은 베스트셀러로 금전적으로 나의 명성을 높여줄 지렛대 역할을 한 책도 있고 어떤 저서는 나의 '아픈 손가락'처럼 유독 신경 쓰이게 하는 책도 있다. 취미인 고서점 들리기를 하다 보면 종종 나의 저서가 발견되기도 한다.

그래서 기록은 참 무섭다. 이를 전문용어로 '항구성'이라 하는데 가끔 집나간 자식을 찾듯 고서점에서 내 책을 구입하기도 한다.

몇 번이고 절필(絕筆)을 선언했지만 어느 시기가 되면 글을 써야겠다는 욕망이 치솟는다.

56권도 어렵지 않겠는데. 장담은 못하지만.

5. 강의, 맹사부로 살아가기

원치 않았는데도 유튜브에는 내 강의가 뜬다. 나는 마케팅 강사로 30여 년이 넘도록 한 우물만 팠다. 맹사부의 마케팅 강의.

전통시장에서 중소, 중견기업, 대기업 각 협회까지 아마 대한민국의 난다긴다하는 그룹까지 강사로서 섭외받지 않은 곳이 없을 정도다.

그렇다고 대단한 스펙이 있다거나 특별한 스킬도 없는데 30여 년 이상을 유지해 온 것이다. 솔직히 말해 버티어 온 것이다.

그렇지만 내 강의에는 몇 가지 맹사부만의 원칙이 있었다.

첫째, 수강생에게 쫄지 않는 것이다. 이 가운데 수강생 피드백이 있는데 강골인 나는 이를 인정하지 않는다. 대신 비교의 대상이 되지 않도록 최선의 준비를 한다.

둘째, PPT등 도구에 의존하지 않고 현장의 상황을 잘 이용한다. 특히 수강생에 대한 장악력은 양보하지 않는다. 마지막 어떤 질문에도 막힘이 없다. 신기하고 놀랍게도 지금까지 "그 질문의 답은 다음에 설명드리겠습니다"라고 말한 적이 없다.

그래서 즉문즉답은 강연계에 맹사부만의 특징처럼 인식되고 있다.

2024년부터 나는 진주에서 '맹명관마케팅 최고위과정'을 운영하고 있다.

흔치 않은 내 이름을 브랜드로 달은 것도 모험적이지만 진주와 아무런 관계도 없는데 과감히 뛰어 들어 강연의 플랫폼을 포지셔닝한 것도 신기하다. 축구로 말하면 연장전에 들어간 느낌이다.

수백, 수천만 명이 내 강의를 들을 때까지 나는 마케팅을 가르치는 훈장이요 사부로 올곧게 오래 남고 싶다. 이것이 비록 실현되지 못할 바램일지라도. 그러고 싶다.

6. 마케팅 스페셜리스트. 통찰력으로 마켓의 맥집기

CEO와 컨설팅을 위한 대화를 나누다 보면 무엇이 문제인지 무엇을 해야 하는지 그 해결책이 보인다. 내 눈에만 보이는 매직아이 같은 것?

바둑의 고수(高手)처럼 공 수의 길을 따라가다 보면 신통하리만치 그 맥이 보인다. 이것은 경험으로 얻은 전환된 관점과 수많은 사례를 통해 학습된 전략적인 사고이다.

따라서 상황과 데이터를 비틀어 보기도 하고 모방은 물론 역발상적인 사고로 그 솔루션을 금광의 금맥 찾듯이 추적하기도 한다.

프로필을 뒤적여 본다. 그리고 묻는다. "진정 마케팅 했는가?"

유명마케터가 되기 위한
5가지 퍼즐

별로 유명하지도 않는데 만나는 사람마다 어떻게 하면 마케팅의 정점을 찍을 수 있느냐고 묻는다. 그들 말에 의하면 개념도 모호하고 이론은 그럴싸한데 실무에 적용하기가 쉽지 않다고 한다. 더욱이 변화와 혁신을 요구하는 시장에서 생존할 방법이 점점 모호해진다고 한다. 어떻게 하면 마케터로서 입신할 수 있을까?

1. 전략적인 사고는 물론 커뮤니케이션 능력이 뛰어나야 한다.

시장의 변화는 말 그대로 예측하기가 쉽지 않다. 그때그때 대처하기가 쉽지 않고 모방하기도 어렵다. 결국 시장지배력을 확보하기 위해서는 전략적인 사고를 가져야 한다는 것. 이는 예측과 일맥상통하는데 '전략적사고'의 저자 스튜어트 웰스 교수는

"우리에게 무엇이 일어날 것인가? 우리 앞에 어떤 가능성이 있는가? 그리고 우리는 무엇을 해야 하는가?에 관한 사고가 전략적 사고"라 하였다.

이를 받아 해석하면 전략적 사고를 하는 사람은 하나의 의사결정이 어떤 결과를 초래할 것인지 미리 예측하고 이를 거꾸로 분석하여 어떤 선택을 할 것인지 결정할 수 있어야 한다. 이들 구성에는 어려운 문제/문제해결/다양한 변수/행동, 실행 등으로 이루어져 있는데 논리적 사고와 창의적 사고를 위한 학습이 필요하다.

더불어 고객, 팀원, 협력사들과의 원활한 소통이 중요한데 특히 마케팅의 중심인 고객과의 커뮤니케이션이 가능한 기본적인 스킬이 필요하다.

2. 창의적이고 분석적이어야 한다.

창의성이란 독창적이고 효과적인 아이디어를 창출할 수 있는 아이디어를 말하는데 이를 창발하기에는 조사-분석-부화-개발의 단계를 거친다. 조사단계에서는 많은 정보를 수집하고 매력있는 포인트를 찾아내는 분석을 거쳐 아이디어를 낼 마음의 준비를 통해 다량의 아이디어를 내야 한다.

이런 상상력과 직관력은 창의적인 아이디어를 발현하여 논리적사고를 덧입혀 마케팅에 지각변동을 일으킨다. 아울러 분석력이란 데이터를 원하는 목적에 맞게 분석하는 능력을 말하는데

마케터는 시장트렌드를 분석하고 전략을 세울수 있어야 하며 숨겨진 고객의 니즈도 탐색해야 한다.(빅데이터)

3. 문제 해결 능력과 미래 대비 능력을 갖춘다.

먼저 문제를 정의하는 것이 옳다. 그러면 왜 이런 문제가 발생하였는지에 대한 근본원인을 파악하게 된다. 문제를 체계적으로 분석하고 우선순위를 매기며 여러 대안을 모색하여 최적의 해결책을 찾을 수 있는 것도 주지할 사안이다.

아울러 단순히 현재 상황에 반응하는 것이 아니라 미래의 여러 변수를 예비하고 대비하는 능력도 갖추어야 한다.

4. 네트워크를 형성하여 다양하게 교류하라.

마케팅 업계 전문가들과의 연결은 기회와 정보 획득에 큰 도움을 받을 수 있다. 온오프라인 커뮤니티를 통해 다양한 분야의 사람들과 관심 분야를 공유하다 보면 생각지도 않은 획기적인 아이디어를 얻을 수 있다.

페이스북, 인스타그램, 링크드인 등의 쇼셜미디어를 이용하면 시공을 넘어선 교류의 장을 넓힐 수 있다.

5. 유심히 관찰하고 끈기 있게 도전하라.

우리는 흔히 사물이나 현상을 주의깊게 조직적으로 파악하는 것을 관찰이라 부른다. 유능한 마케터는 관찰이라는 행동에서 평소 관심을 보이지 않았던 사소한 것들로부터 의미있는 요소를 발견한다.

어떤 경우에는 그런 것들이 문제를 해결할 수 있는 결정적 단서를 제공해 주기도 한다.(지금당장 마케팅하라/구자룡/한빛비즈)

일예로 일렉트로닉스의 '에르고라피도 2 in 1'는 주부들의 청소기 불편사항인 이동시 불편함과 허리를 굽혀 피곤을 가중시키는 문제를 관찰하여 본체와 분리되는 경량 무선 청소기를 개발하였다. 일희일비 하지 않고 다양한 시도를 통해 성과를 만드는 직업정신도 마케터로서의 자질이라 하겠다.

유능한 마케터의 자질을 입증하는 명확한 사례가 있다. 전통적 이미지접근에 의도적으로 반기를 든 에버레인의 이야기이다. 에버레인은 런칭부터 브랜드 이미지보다 공동의 정체성에 뿌리를 두었다. 신세대 패션브랜드로서는 파격적으로 투명성을 컨셉화하였다. 이들의 메시지는 공정성과 투명성이었다. 소비자들이 옷값을 부당하게 지불한 것은 소비자가 덜 똑똑해서가 아니라 불투명한 패션업계의 관행이라는 점을 간파했다. 따라서 옷 제조의 모든 과정을 투명하게 제시함으로써 자신들의 브랜드를 선택한 소비자를 '현명한 소비자'로 인식하게 하였다.

에버레인은 자신들의 도덕적인 투명성을 내세워 베트남에서 만드는 자신들의 직물과 염색공장을 그대로 보여주었다. 데님 염색에 드는 98%의 공업용수를 재활용할뿐 아니라 폐기물을 재활용해 벽돌로 만들어 주택 보급에 힘쓰는 모습을 보여주었다.

이에 그치지 않고 공정에서 일어나는 모든 상황을 글과 사진과 영상으로 공유했다. 그들은 어떻게 전략적 사고로 포지셔닝했는가?

첫째, 앞서 언급한대로 마케팅 프로세스를 바꿨다.
제조가격보다 디자인, 브랜드, 가격을 중심으로 유통, 판매, 마케팅을 중시하는 업계의 마케팅프로세스를 전환시켰다. 즉, 제조공장에서 의류를 제조한 후 온라인에서 직접 판매하였다.
둘째, 투명성을 실행하였다. 누가 디자인하고 누가 제조하였으며 왜 이 가격인지 투명하게 웹사이트에서 확인하게 하였다.
셋째, 슬로우패션으로 역포지셔닝하였다. 유니클로, 자라 등 패스트패션과 달리 '양보다 질'을 우선하였다.
넷째, 마케팅접점인 매장과 브랜드를 알리는 광고를 없애고 할인 이벤트도 과감히 없앴다.
마지막으로 인스타그램과 같은 쇼셜 미디어를 통해 MZ세대의 열광과 바이럴 효과를 시도하였다.(에버레인의 극단적 투명성/블로그/유진의 돈되는 정보)
유능한 마케터의 5가지 요소와 에버레인의 사례를 투사해보라.

퍼스널브랜드,
전문가가 되기 위한 7가지 조건

　최근 유튜버 크리에이터라는 직종이 유망직종으로 떠오르고 있어 주목을 받고 있다.
　동영상 공유 웹사이트 유튜브용으로 동영상을 제작하는 이들은 스마트폰 계정만 있으면 누구나 자유롭게 방송할 수 있으며 구독자 1,000명부터 광고나 PPL을 통해 수입을 올릴 수 있다. 개인의 적성과 취향에 따라 표현하고 싶은 주제의 콘텐츠를 제작하며 퍼스널 브랜드를 보유한 인플루언서의 활약은 개인미디어로 보기에 그 영향력이 크다. 경영의 대가 톰 피터스는 "차별화는 어려워지고 경쟁의 속도는 빨라지고. 브랜드가치는 오르고 있다"고 브랜드가치에 대해 강조하였다. 앞선 퍼스널 브랜드의 개념은 무엇이고 소위 전문가가 되기 위해 어떤 요소를 갖추어야 하는가?

먼저 개인 브랜드는 나를 정의하는 핵심개념, 즉 정체성을 말한다. 세상은 특정 분야에 대해 상식수준을 뛰어넘는 전문가의 시대를 맞았다. 이는 상식에 근거한 의사결정에서 전문 지식으로 전환한 지식의 시대라 할 수 있다. 여기서 브랜드는 동일시하거나 정체성(Brand Identity), 아울러 고객을 정의하며 경쟁력을 갖춘 개념으로 불리운다. 그러기 위해서 자신을 차별화하거나 단점을 장점으로, 즉 핵심경쟁력으로 전환하여야 한다. 미국 카네기 연구소는 90년간 전문가를 연구한 후 다음과 같은 결과를 내놓았다.

1. 변화를 선도하는 사고 능력 (forward thinking)

21세기는 기술혁신의 시대이다. 인공지능, 빅데이터, 블록체인, 사물인터넷, 메타버스, 챗GPT같은 혁신적인 기술들은 우리 삶의 모든 면을 빠르게 변화시키고 있다. 따라서 미래사회의 가장 중요한 능력은 변화에 적응하고 선도하는 능력이다. 인공지능(A.I) 칩 선두주자 엔비디아로 인한 기회와 위험의 공존을 펼쳐보이면 전문가의 핵심능력이 무엇인지 알게 된다.

2. 관계지향적 (relationship-oriented)

관계지향적이라는 어원은 세상을 살아가면서 사람들과의 교류, 대인관계 등을 매우 중시하는 성향으로 네트워크, 협업, 융합을 발전시킬 기초라고 보면 된다. 더불어 인맥이 중요하다. 이는 학연, 지연, 혈연같이 폐쇄적인 개념을 뜻하는 것이 아니다. 이를 넘어선 상위의 개념으로 사람들과의 관계를 소중히 여기며 사람들과의 관계가 가지는 가치를 알며 그렇게 행동하는 것을 의미한다.

3. 서비스에 초점을 (service-focused)

완벽에 가까운 서비스 마인드로 최선의 서비스를 사람들에게 제공해 주겠다는 각오와 실행력이 중요하다.

4. 기술발전에 민감 (technology-literate)

자신의 비즈니스와 관계된 새로운 기술의 이해와 습득이 빨라져야 한다.

5. 가치 창출 (value-driven)

보다 큰 가치, 유형의 가치, 무형의 가치에 민감해져야 한다. 그리고 하나의 행동(실행)은 반드시 가치를 창출해야만 한다.

6. 팀으로 일한다 (team-driven)

혼자서 하는 일은 현대 비즈니스에는 거의 존재하지 않는다. 따라서 전문가가 되려면 협업에 대해 알고 있어야 하며 팀단위로 일할 수 있는 마인드셋부터 먼저 가져야 한다.

7. 성과를 창출하는 리더십 (leadership skill)

타인을 이끌며 합리적인 의사결정을 내고 탁월한 실행력을 가질 수 있는 리더십이 필요하다.

이 7가지 요소 위에 자신의 브랜드 자산을 가지길 원하면 지식에 관련된 자산(예측가능성/희소성/원리이해)과 고객에 관련된 자산(핵심고객관리/전문가네트워크/컨텐츠), 감성과 관련된 자산(인간미/일관성/투명성)에 자신만의 특기, 즉 능력에 관련된 자산을 갖추면 된다.

- 이 원고를 쓰면서 전문가로 살아온 30여 년에 전문가다운 프레임이 내게 있었는가 반문하게 된다. 내게 남겨진 지적유산 말이다…

프리첼의 운명,
페이스북에 양보하다

필자의 저서 '생존경쟁력'에는 비운의 기업 프리첼에 대한 이야기가 기술되어 있다.

"세계 최대 규모의 커뮤니티 포털"로 불리웠던 프리첼은 2002년 프리첼의 하루 방문자 수가 당시 싸이월드의 6배인 180만 명이었다. 누구 못지 않게 네티즌의 사랑을 받았고 커뮤니티 서비스의 최강자였다.

그러나 자만에 의한 오판이었을까? 2002년 10월 회사의 운명을 바꿔 놓을 위험한 도전에 나선 것이다. 프리첼은 110만 개에 이르던 커뮤니티 주인에게 사용료를 내든가 아니면 방을 빼고 나가라고 윽박지르며 홈페이지에 쌓인 추억(글과 사진)을 담보로 매달 3천 원의 월세를 받겠다고 천명하였다.

프리첼의 유료화 선언은 포털업계 전체를 흥분시키기에 충분했다. 서비스 유료화는 포털업체들이 언젠가 이뤄야 할 공통의 관심사일 뿐더러 총대를 맨 프리챌이 성공하면 성공한 대로 실패하면 실패한 대로 벤치마킹 할 수 있는 좋은 볼거리였기 때문이다. 커뮤니티 등 핵심서비스를 유료화하여 적극적인 수익창출을 통해 다시 서비스의 질을 높이는 선순환구조의 형성이 프리챌의 목표였는데 이는 이윤창출에서 보면 당연한 일이었다. 이들의 분석도 초기에는 긍정적인 방향으로 흘렀다.

커뮤니티 유저는 약 천만 명. 그중 커뮤니티의 마스터, 즉 운영자를 타깃으로 삼은 프리챌은 이들이 자신들의 커뮤니티 서비스에 만족하고 있으며 이를 위해 월 3천 원의 비용을 부담할 수 있을뿐 아니라 더 강력한 커뮤니티 운영 권한을 원하는 것으로 파악하였다. (당시 커뮤니티마스터 110만 명 추산)

또한 인터넷 커뮤니티의 주 사용계층인 10대 후반에서 20대 초반의 청소년들이 역시 가장 큰 비중을 차지하며 그중 커뮤니티 운영기간이 오래되어 유료시 유료회원으로 가입할 가능성이 크다고 보았다.

그러나 이런 분석은 안일한 시각의 반영이었고 치명적인 패착이었다. 그후 국내 네티즌들의 집단적 엑소더스 현상이 사회이슈가 될 정도로 조직적인 반발에 부딪쳤으며 이는 기업이미지 실추로 이어졌다.

문제는 커뮤니티가 프리챌만이 제공할 수 있는 독자적 콘텐츠가 아니라는 것이었다.

결국 다른 곳에서도 이용할 수 있는 콘텐츠를 유료화 했다는 것은 프리첼 측이 얼마나 상황을 섣부르게 판단했는지 잘 말해주고 있다. 아울러 '돈내기 싫으면 나가라'는 식의 비 감성적 접근도 실패의 원인이 되었다.

커뮤니티 특성상 유료화가 주 수입원이었던 광고를 제한한 것도 도저히 이해가 안가는 결정이었다.

프리첼은 2000년 초반 이후 '다음'과 함께 포털 3강을 형성하기도 했으나 서비스 유료화를 추진하는 바람에 사용자가 썰물처럼 빠져나갔고 그 이후 종합엔터테인먼트 포탈로 재기를 노렸지만 파산하고 말았다. 이 내용과 대비할 쇼셜미디어는 우리가 잘 아는 싸이월드와 사상 최초로 유저 1억 명을 모은 쇼셜네트워크 '마이스페이스'가 있다. 그러나 이들도 2008년 후발주자인 페이스북에 역전당한 후 유명무실하게 사라졌다.

2004년 필립스엑시터에서 학기가 시작될 때 친목을 다지기 위하여 학생들의 얼굴과 프로필을 적어 공유하던 책자(출석부)에서 출발한 페이스북 어원은 하버드 학생들만 이용하던 사이트 'TheFacebook'에서 유래하였다. 그것이 아이비 리그에서 주변의 학교로 퍼져나가면서 학교 네트워크 사이트로 유명해졌고 2006년에는 일반 사용자까지 이메일주소만 있으면 가입할 수 있도록 문호를 개방하여 기하급수적으로 늘어났다.(이후 젊은 세대로부터 선풍적인 인기를 얻었다.) 2012년 페이스북은 10억 달러에 사진 및 동영상 공유앱인 인스타그램을 인수하고 코로나19가 한창이던 2021년 메타라고 사명을 바꾸는 용단을 내린다.

최근 페이스북의 규모를 보면 아래와 같은 수치를 나타낸다.

페이스북의 규모

① 액티브 유저의 50%인 1억 5,000만 명 정도는 페이스북 서비스에 로그인한다.
② 전 세계적으로 하루 동안 페이스북에서 60억 분 이상을 보낸다.
③ 매일 4,000만 개가 넘는 상태로 업데이트한다.
④ 매일 1,000만 명이 넘는 이용자들이 페이스북 페이지의 팬이 된다.
⑤ 매월 20억 개가 넘는 사진이 업로드되고 있다.
⑥ 매월 1,400만 개가 넘는 동영상이 업로드되고 있다.
⑦ 매주 20억 개가 넘는 콘텐츠가 페이스북을 통해 공유되고 있다.
⑧ 매월 300만 개가 넘는 일정/이벤트가 생성된다.
⑨ 페이스북 내에는 4500만 개가 넘는 유저그룹이 있다.
⑩ 페이스북은 70개 언어로 지원된다. (나무위키/페이스북)

이외에 스냅챗이나 틱톡, 트위터 등이 쇼셜미디어의 경쟁자로 등장하지만 페이스북의 시장지배력은 여전하다.

앞서 언급한 프리챌과 페이스북을 비교해 보면 아쉬움이 많이 남는다.

왜 프리챌은 가입자를 대상으로 갑질을 했을까? 〈위대한 기업은 다 어디로 갔을까?〉의 저자 짐 콜린스의 말처럼 기업이 몰락하는 첫 단계 '성공으로부터 자만심이 생겨나는 단계'를 주목하게 된다.

첫째, 경영자의 시야가 좁아지거나 외부변화에 낙관한 것은 아닌가?하는 의구심을 가질 수 있다. 자신들의 유료화 정책은 극복가능하고 큰 위협이 되지 않을 것이라는 자만감은 아니었는가?

둘째, 과도한 자신감은 어떤가? 커뮤니티 유저가 1,000만 명, 마스터에게 월 3천 원은 무슨 문제가 될 것인가? 자신들의 핵심역량으로 능히 해결할 것이라는 확신.

셋째, 규율없는 확장의 무리수 아닌가?

이 단계는 무분별하게 사업을 확장하거나 새로운 시장에 진출하려고 하는 단계로 프리챌도 예외는 아니었다.

2006년에는 1분기 창사 후 분기 흑자를 기록하였고 유상증자에도 성공하였다. 이를 계기로 프리챌은 게임사업에 본격적인 사업에 진출한다며 게임포털 '노라조'를 오픈했다.

결론적으로 프리챌이 서비스의 유료화를 늦추고 포털사이트로 업그레이드 하여 서비스에 전력하였으면 어떤 결과가 나왔을까?

속칭 '돈내기 싫으면 나가라'는 식의 막가파식 대응을 하지 않았더라면. 커뮤니티 마스터를 파트너로 포용하여 그들을 지원하였더라면…

마지막으로 고객의 소리에 좀더 귀기울였다면 대한민국, 아니 전 세계의 K-쇼셜미디어는 불가능했을까? 역사에는 가정이 없다지만. 아쉽고 통탄스럽다.

아!! 프리첼의 운명이여.

리브랜딩,
리바운드하다

 어느 마케팅 전문가는 불확실성 시대에는 투자리스크를 대폭 감소시켜주는 스마트한 브랜드활용 전략인 '리브랜딩'이 해답이 될 것이라고 조언해 주었다.
 리브랜딩이 무엇이기에 불황기에 적합한 전략이라고 추천할까?
 그 개념은 '소비자의 취향 및 시장 환경의 변화를 반영하여 기존 브랜드의 정체성을 재정립하는 과정'이라 할 수 있다. 또한 기업이 변화하는 시장환경과 경쟁업체의 출현, 신제품간의 경쟁심화에 대응하기 위한 전략적 선택이라고 해석할 수 있다.
 그렇다면 리브랜딩은 언제 필요할까? 첫째, 브랜드의 시대적 적합성과 비즈니스 전략의 변화가 필요할 때이다. 새로운 제품이나 서비스가 추가될 때 적용되는데 이때 브랜드 비전과 가치제안을 업데이트하여 새로운 방향성을 제시해 준다.

최근 도너츠에 대한 소비자 인식의 변화에 따라 도너츠를 제외한 '던킨'으로 리브랜딩한 던킨도너스 사례나 16년 만에 레트로 감성을 개입하여 로고를 바꾼 베스킨라빈스의 경우가 그렇다. 2010년으로 거슬러 올라가면 당시 스타벅스에는 싸이렌오더와 커피라는 문구가 존재했었다. 그러나 그 다음해에는 커피, 쥬스, 빵 사업으로 비즈니스의 모델을 바꾸었다. 마켓컬리도 어느새 마켓이 떨어져 나갔다. 이는 슈퍼마켓처럼 식품위주에서 다른 영역(뷰티)으로 확장하였다는 증거이다.

둘째, 타겟층이 명확하지 못하거나 경쟁브랜드와의 차별성이 부족할 때 리브랜딩한다.

이를테면 고객층이 명확하지 않으면 효과적인 마케팅이 어려울 수 있는데 브랜드의 특장점을 강조하고 시장에서의 차별성을 부각하기 위해서는 전략적으로 리브랜딩을 선택할 수 있다. 버거킹의 경우 여러 색상과 다양한 패키지를 사용하였으나 로고디자인에 일관성이 없고 이로 인한 차별화가 어려움으로 리브랜딩을 통해 포지셔닝하였다.

마지막으로 인수합병시 리브랜딩한다. 기업이 인수나 합병을 겪을 때, 새로운 사업이나 서비스가 기존 브랜드와 맞지 않거나 고객층, 제품, 지리적 범위 등이 변동될 수 있다. 이런 경우 브랜드를 재정립하여 통합된 정체성을 구축하는 것이 바람직하다.

이를 위해서는 몇 가지 유의해야할 점이 있다. 자신들의 원천적인 비즈니스 모델과 새로운 모델이 충돌해서는 안된다.

2005년 코닥의 파산은 여러 요인이 있었겠지만 결국 필름시장과 디지털 비즈니스모델과의 충돌이 주요인이었다. 또한 아무리 새로운 가치혁신을 통해 마케팅 상황을 바꾼다 해도 고객의 요구와 취향을 외면해서는 안되며 기존 고객들과 잠재 고객들의 피드백을 수집하여 새로운 브랜드 전략개발에 사용함도 기억해 두어야 한다.

통상 리브랜딩은 단순한 새로움이라 생각하는데 그렇지 않다. 그 안에는 성장 목표와 비전, 가치 등이 내포되어 있는데 이 작업을 수행하려고 하면 급격한 변화보다는 점진적으로 이끌어가는 균형을 유지해야 한다.

리브랜딩을 할 때는, 내부구성원의 이해와 지원은 물론 고객의 니즈와 행동 패턴, 시장동향, 경제상황 등을 심도있게 연구하여 전략을 수립해야 한다.

최근 불황기를 맞아 리브랜딩 리바운드에 몰입하는 기업이 늘고 있다. 기존에 불리했던 이미지를 개선하고(페이스북에서 메타로) 시장확장은 물론 타깃고객층을 확보하며(세대를 뛰어 넘는 리복) 경쟁력 강화의 일환으로(펩시콜라) 실행되는 시점이 불황기라는 점에서 흥미롭다.(브랜드팬덤 만들기/김경진의 CX트렌드/전자신문/2024.07.21.)

이야기로 푸는
맹사부잠언

35년간 치열하게 살았다. 그동안 하고 싶은 말들이 공중으로 사라져 버렸다. 컬럼이라는 명목의 글은 독자의 눈치를 보느라 치장하기에 바빴다.

우리말로 마음속에 불평을 '푸념'이라고 한다. 이제는 돌덩어리 하나 던지듯 던져도 무방할 것 같다. 푸념 같이 보일지라도. 누구는 어록도 남기는데. 위인의 잠언은 아닐지라도 알면 도움 되는 지혜 하나 투척한다.

1. 이제야 푸는 푸념 한 덩어리-가치는 최고인데 가격은 합리적(?)

명성을 듣고 왔다며 너스레를 떠는 CEO를 자주 만난다. 말하지도 않는데 강의하시는 것을 유튜브로 보았다, 활동하시는 것을 어디어디에서 보았다. 인정심리 업되어 있을 때 본론을 얘기한다. 문제투성이다. 어디부터 손댈지 모르는데.

"부탁합니다" 역시 고수는 다르다며 만나뵙기 다행이라며 다시한번 변죽을 올린다. 작업일자도 촉박한데 소위 컨설팅비용에 목소리가 잦아진다. "가격은 합리적으로." 수포자인 내가 무슨 답을 주어야 할지. 그날만큼 합리적이라는 단어가 미운 적은 없었다. 지금은 없지만 10,000원을 벌게 해주면 8,000원을 드리겠다고.(큰 맘 써서 5,000원 달랬더니.) '차라리 그냥 내가 사업할게'하는 말이 입천정까지 울렸는데.

아무말 않고 합리적으로 쓴 커피를 들이부었다. "알아서 주세요."

2. 아직도 고객이 옳으니?

한 할머니가 구입한 달걀이 상했다며 교환을 요구했지만 직원들은 오히려 그녀를 의심했다. 낙심한 할머니는 "우리 집은 20km나 떨어져 있다네. 내가 거짓말을 하려고 여기까지 왔다는 말인가? 다시는 오지 않겠네"라고 말했다. 이를 목격한 사장은 어떠한 경우라도 고객을 의심하면 안된다는 생각으로 다음과 같은 규칙을 매장에 걸고 직원들을 교육시켰다. "규칙1, 고객은 옳다. 규칙2, 고객이 틀렸다고 생각되면 규칙1을 다시 읽어라" 이 회사는 1969년 미국 코네팃컷주에서 작은 식료품에서 '슈퍼마켓계의 디즈니'라 불리웠던 스튜레너드 다이어리 스토어이다. 물론 고객의 소리에 귀기울이고 고객의 변화를 수용해야 하지만 반드시 고객이 옳다는 논리에는 100% 찬성하기는 어렵다. 블랙컨슈머가 늘어가는 요즘, '옳다'보다 '다르다'라고 바꾸면 어떨까?

3. 시행착오 그리고 시행차고

시험과 실패를 거듭하는 가운데 학습이 이루어지는 것을 시행착오라고 한다.

사람들은 종종 실패를 두려워 한다. 그럴때 마다 과정이 문제 없다면 괜찮다고 격려한다. "실수를 저지르지 않는 사람은 위에서 시키는 사람이다. 혼다에서 필요치 않다"하는 일본 혼다 창업정신은 접시 깨는 것을 두려워하기보다 차라리 깨라는 말로 들린다.

세계 야구왕 베이비루스는 1,330번의 스트라이크 아웃을 당했지만 714번의 홈런을 날렸고 4년간 청소기 시제품을 만든 다이슨의 실패 횟수는 5,126회였다. 당신의 시행차고에는 몇 개의 실패가 쌓여있는가?

4. 컨테이너에 담긴 혁신의 본질

마크레빈슨의 'The Box'하는 책에는 신기술과 혁신이 난무하는 4차 혁명 시대에 그 대응법을 단순한 운송도구인 컨테이너에서 찾았다는 점에서 놀랄만하다.

컨테이너의 도입은 일단 운송시간과 비용을 대폭 절감시켰다. 이전에는 해상운송비의 절반이 인건비였다. 선박에 제각각 다른 모양의 무게를 지닌 화물을 실으려면 항구노동자 수백 명이 달라붙어도 최소한 며칠에서 길게는 몇 주까지 소요되었다. 그만큼 노동집약적인 산업이 해운이었다.

아울러 화물의 분실과 파손도 심하여 웬만하면 자국내에서 해결하는 것이 일반화된 현상이었다. 기껏해야 커피원두나 위스키, 생고무 같은 특산품이나 원자재를 해외에서 들여오는 정도였다. 1970년 미국 해운사업가 말콤 맥린이 컨테이너를 보급하면서 해상운송비가 급격히 하락하였다. 선박은 점점 커졌고 항구의 크기도 덩달아 확장되었다. 대형크레인이 항구에 설치되면서 배가 항구에 정박하는 시간이 줄어들었고 항구노동자는 해고되었다. 말하자면 컨테이너의 등장은 일자리 경쟁과 기업시장의 변화를 가능케 했으며 혁신의 본질이 무엇인지 입증하는 계기가 되었다.

5. 전략이라는 고장난 시계

마케터로 일하면서 주술처럼 외웠던 단어는 전술, 전략, 목표였다.

특히 마케터는 전략이라는 알람시계에 눈을 뜨고 전략이라는 자장가에 잠이 든다.

전략이란 무엇일까?

전략의 개념을 '전쟁에서의 승리를 위해 여러 전투를 계획, 조직, 수행하는 방책'이라 하면 시장은 포연이 가득한 전쟁터이고 이를 지휘하는 장군은 CEO이며 목표를 위해 수단과 방법을 가리지 않는 술책이 전략과 전술아니던가? 전가의 보도처럼 휘두르는 전략은 과연 날선 검인가, 무딘 검인가? 너무 전략, 전략하다보니 짝퉁전략에서 명품전략을 고르기가 하늘의 별따기다.

부탁컨대 '전략을 절약'하기 바란다. 진정 얼어붙은 시장에 해빙기를 이끌고 바늘 하나 들어설 수 없는 고객의 마음에 떡허니 자리잡을 수 있는 파워풀한 전략과 재회하기 바란다. 그래도 안 되면 전략을 다시 세워라~

6. 고객의 소리는 어느 귀인가?

유능한 마케터는 아이디어와 컨셉을 현장에서 듣는다. 이를 위해 최면술사처럼 질문을 던진다. 사람에게는 들리는 소리만 듣는 외이(外耳)와 들리지 않는 소리까지 듣는 중이(中耳), 더 나아가 일부러 들려주지 않는 것까지 듣는 내이(內耳)가 있다.

마케터나 커뮤니케이터 같은 전문가들이 흔히 사용하는 방법으로는 표적집단 면접법(Focus Group Interview)이 있는데 이를테면 특정한 주제에 대해 다수의 사람들(6~10명)을 놓고 숙련된 진행자가 편안한 분위기에서 진솔하게 이야기를 유도해 다양한 아이디어를 수집하는 방법이다.

시장조사에 활용되는 표적집단은 소비자 선호도, 새로운 제품 아이디어 테스트, 광고캠페인 평가, 고객만족도 평가, 기존제품이나 서비스에 대한 피드백을 수집하기도 한다. 이밖에 설문조사 또는 인터뷰 등의 하이브리드 접근법도 권장할만 하다.

7. 핵심을 말해주세요

재차 말한다. "그러니까 거두절미하고 핵심을 말해주세요." 그러나 상대는 핵심을 말한다 하면서도 핵심이라는 단어를 모르는 눈치다.

그에게는 어느 것 하나 깨물어도 안 아플 제품이니 핵심이 어디 있고 변두리는 어디 있겠는가? 핵심으로부터 나오는 컨셉을 통해 이야기를 만들어내고 문제를 해결할 실마리를 찾을 수 있는데 난감 100%.

"글쎄, 핵심부터 얘기하자니까요."

"…"

"원래 핵심이 없었나?"

고구마 100개 먹은 기분.

8. 가젤과 사자가 달려야 하는 생존생태계

아프리카에서는 매일 가젤이 잠에서 깬다. 가젤은 사자보다 더 빨리 달리지 않으면 죽는다는 사실을 알고 있다. 그래서 그는 온힘을 다해서 달린다.

아프리카에서는 매일 사자가 잠에서 깬다. 사자는 가젤을 따라잡지 못하면 굶어죽는다는 사실을 알고 있다. 그래서 그는 온힘을 다해 달린다.

사자든 가젤이든 마찬가지로 해가 뜨면 달려야 한다. 이것이 생존을 위한 생태계 법칙이다.

9. 독실한 신도와 팬덤마케팅

우리는 종종 연예인들의 팬덤을 본다. 이들은 어떤 대가도 바라지 않으며, 이성적 논리보다 감성에 치우친 특징이 있다. 팬덤 같은 브랜드나 마케팅이 존재한다면.

비전과 가치를 공유하며 이에 공감하는 열정적인 소비자는 자발적으로 브랜드활동에 참여하고 브랜드의 장점을 입소문내어 자신들의 문화를 만들어 낸다. 이들은 집단으로 영향력을 형성해 브랜드를 대변하고 중요 이슈마다 목소리를 낸다.

몇 년전 영국 BBC방송 다큐멘터리 시리즈인 '슈퍼브랜드의 비밀'에서 애플 팬들의 뇌를 MRI로 스캔한 결과 애플기기를 보여 주었을 때 뇌의 특정부위가 밝아지는 현상이 나타났다. 이는 독실한 신도들에게 신과 관련된 콘텐츠를 제시하였을 때 뇌가 반응하는 현상과 유사하다.

세계 1위 패스트푸드 체인 맥도날드가 고객들의 구매내역이 담긴 영수증을 개인 맞춤형 굿즈로 탈바꿈한 사례도 팬덤마케팅의 실체이다.

10. 어떻게 고객이 기업을 해고할 수 있는가?

〈스타벅스웨이〉에는 조용히 떠나가는 고객에 대한 이야기가 있다.

"고객이 불편을 말할 수 있는 창구를 적극적으로 열어두어야 한다. 그렇지 않으면 대부분의 샤이고객은 불편을 말해주지 않고 조용히 떠나간다."

여기서 한걸음 더 나아가 고객이 기업을 해고한다면?? 어떤 상황이 벌어졌을 때 고객이 해고라는 반응을 하는지.

첫째, 고객은 자신이 불만을 토로했을 때 기업이 신속하게 응대해 주길 바란다. 이를 위해 노드스트롬 백화점의 직원처럼 의사결정권을 위임해 주어야 한다.

둘째, 고객은 자신의 불만을 기업이 확실하게 처리해 주길 원한다. 종종 문제해결 과정에서 회사의 다양한 부서가 함께 참여하는 경우가 있는데 이때 부서 이기주의로 인해 고객을 탁구공처럼 취급하거나 해결해야 할 문제를 간과해 버릴 위험이 있다.

셋째, 고객은 자신들의 상향 욕구를 기업이 모두 들어주길 바란다. 다양성을 추구하거나 사용하고 있는 제품을 보다 고급제품으로 교체하고 싶어하는 고객에게 기업이 다양한 선택의 기회를 제공하지 못한다면 아무리 충성도가 높은 고객이라도 자신이 원하는 제품을 제공하는 경쟁사로 떠나게 될 것이다.

기업은 진정으로 고객을 이해하고 고객의 목소리에 귀 기울여야 하며 아울러 고객에게 항상 배우며 그들이 원하는 가치를 신속하게 제공할 수 있어야 한다.

그래서 고객보다 기업이 해야할 일이 많다.

글 잘쓰는 마케터,
55권 출간의 맹사부식 집필전략

졸저를 55권이나 쓴 나름대로의 유명세 때문인지 제자들이 큰 맘먹고 책 한권 쓰겠다고 나를 찾아온다.

예전엔 책 쓰는 것이 작가라는 부류의 특권처럼 되었는데 요즘은 맘만 먹으면 뚝딱 만들어 내는 것으로 안다.

고작 몇 개월 책 쓰는 잔기술(?) 배워 가지고 저자가 되겠다는 기도 안찬 야망을 무슨 수로 달래나. 한때 일 년 동안 책을 써서 밥 먹겠다는 일념으로 정동에 집필실을 열고 공무원처럼 아침에 출근하여 책을 읽고 글을 썼다. 저녁 노을을 바라보며 단상에 잠겼던 정동 퇴근길(?).

글은 내 밥이었고 내 옷이었다. 각설하고.

내가 이렇게 폄훼하듯 말하는 것은 글을 쓰는 목적과 수단이 순수하지 않기 때문이다. 통상 강사는 컨텐츠를 만들어야 한다는 미명하에 책을 쓰고 이를 기회로 홍보함으로 자신의 지경을 넓히려는 욕망이 있다. 이런 의도로 출간된 책들은 쉽게 생각해 강의장에 펼쳐 놓고 팔겠다는 단순한 의도외에는 없다. 혹 알까? 로또처럼 베스트가 될지. 그러나 이것은 알아야 한다. 로또 같은 기회는 아무에게나 오지 않는다는 것을.

일단 제자에게 말미를 준다. 왜 책을 출간하려 하는지, 준비된 컨텐츠는 어떤 것인지. 글은 써봤는지. 출판사 대표처럼 숙제를 준다. 낯빛이 변해감을 감지한다.

집을 짓는 목수가 어떤 집을 지을 것인지 머릿속에 설계하지 않고 망치 하나 달랑 가지고 지을 수 있겠냔 말이다. 눈치를 보면 희망찬 야망에 브레이크가 걸린 느낌이다.

시간이 어느 정도 흐른 후 온통 고뇌의 눈물과 땀이 서린 의향서를 가져온다.

그때 가혹한 질문을 던진다. "어쩔려구 이런 개발새발 난장판 같은 기획서를 가져온 것이야? 이것으로 책을 만들겠어?" 이 말과 동시에 내 손에는 빨간펜이 들려 있다.(나를 빨간펜 선생님이라고 부르는 이유가 있다) 기획서부터 하나 둘 분해한다. 단어에서부터 문장까지. 마치 아나운서 선배가 초짜아나운서 발음을 가르치듯 한문장, 한문장 짚어간다. 그리고 어떤 방향으로 글을 쓸지 브레인스토밍에 버금가는 토론을 한다. 아무리 경영서적이라 해도 자신만을 위한 자위용은 아니지 않는가? 독자라는 시어머니와 만난다는 생각은 왜 하지 못하는 것일까?

토론이 끝나면 일단 큰 그림을 그리고 책방을 간다. 수많은 책을 내용상으로 분류해 놓기는 서점이 최고다. 그런 책이 또한 참고서가 된다.(유사도서)

책에는 그 저자의 생각과 쌓아온 경험과 지식이 어떤 식으로 표현되어 있는지 여실히 드러나 있다. 일단 목차를 훑고 저자의 창작스타일을 본다.

어떤 작가는 부실한 구성에 주저리주저리 인터넷 검색수준의 내용을 싣지만 어떤 작가는 안정된 구조에 잘 정리되고 연결된 내용을 선보인다. 자신의 주장도 곁들여. 소위 창작물(?) 쇼핑이 끝나면 방향이 정해진 책을 구매하여 독서를 하게 한다. 이쯤되면 자신의 생각과 집필하여야 할 내용의 괴리감을 발견하게 된다. 그 차이를 줄여가기 위해 독서의 양을 늘리던지 검색데이터를 보강한다.

이 과정이 지나고 나면 책 제목과 목차를 만들어간다. 책은 제목이 팔할이라는 말처럼 제목은 문패같다. 여기서부터 난관에 부딪친다. 제목은 정도가 없기에 더욱 그렇다.

세상 트렌드를 들여다보기도 하고 저자나 독자의 관점으로 전환하여 구상하기도 한다. 필자의 경우 어느 저녁에 TV뉴스를 보는데 쿠팡이 뉴욕증권거래소에 내걸은 슬로건이 눈에 들어왔다. '쿠팡의 미래' 이미 나는 아마존의 미래를 알았기에 그리 생소하지 않았는데 당시 스타벅스의 디지털트렌스포메이션에 관한 경영서를 구상하던 내게 떠오른 제목은 '스타벅스의 미래'였다. 우연을 가장한 필연이나 운명처럼 다가오는 제목은 한마디로 정답이 없다. 다행히 제목이 정해지면 목차를 구성하는데 잊지말아야 할 것은 책의 컨셉과 흐름을 놓쳐서는 안된다는 것이다.

어떤 책은 미로를 걷는 것처럼 느껴져 독자의 인내심에 구멍을 내기도 한다.

목차가 결정되면 자료조사를 하게 되는데 내가 쓰고자 하는 방향의 자료가 그리 많지 않다는 사실에 당황할 수 있다. 여기에 팁을 하나주면 검색한 후에 사유(思惟: 개념,구성,판단,추리)하는 과정을 거쳐서 업그레이드된 정보를 탐색하는 것이다.

예를 들면 코닥의 파산을 단순히 디지털시대에 대비하지 못한 것으로 단정지으나 그렇지 않은 면도 많다. 놀랍게도 당시, 코닥은 디지털에 대한 자체 보고서도 만들었고, 디지털카메라 기술을 보유한 사실도 있다. 이처럼 어느 한 단면만 보면 책이 되지 않는다. 반전에 또 반전을 다뤄야한다는 것.

한마디로 숙성된 자료와 본인의 아이디어를 가미하면 독자들의 궁금증과 흥미를 유도할 수 있다는 것이다.

원고는 어려운 전문용어나 부정적인 단어는 될 수 있는 대로 배제하고 자료 또한 근착됨을 우선순위로 한다.

> ### 이렇게 만들어진 원고는
>
> ① 책 제목은 본문과 연관성을 상징하는가?
> ② 독자층의 욕구나 필요는 충족되는가?
> ③ 구성의 흐름이 유연한가?
> ④ 저자의 의도가 반영되어 있는가?
> ⑤ 이슈를 유도할 시사성이 있는가?

이쯤해서 집필이 끝났다고 보면 오산이다. 교정과 더불어 독회를 통해 원고를 가감하고 윤문의 과정을 거쳐 옥고(玉稿)를 완성한다.

나는 숙성(熟成)이라는 단어를 좋아한다. 이는 '익어서 충분히 이루어진다'는 말로 적어도 최선을 다해 자신의 분신같은 책을 집필해야 한다고 생각한다. 급히 만들어 승부를 걸려는 요즘 일부 풍토에 반기를 드는 고집스런 이유이다. 다는 아니지만 55권의 책은 산고(產苦)를 통해 빚어진 소박한 지식의 결정물이라 감히 자부한다.

유능한 마케터가 되기 위한
이기는 협상술

　기업과 고객의 교환과정에서 이뤄지는 마케팅도 따져보면 협상의 테두리 안에 이루어지는 활동이다. 30여 년의 업력을 따져보면 협상의 테이블에서 결정지은 사안이 한두 건이 아니었다.
　2008년 금융위기 다음 해에 상해에 다녀온 후 필자는 "발전이야말로 견고한 원리이다. 그런 의미에서 우리는 온주 모험가들에게 감사해야한다"라며 중국개방시 등소평 주석이 소개한 온주상인을 소재로 '상술의 귀재 온주상인'을 출간하였다.
　'돈이 있는 곳에 그들이 있고 그들이 있는 곳에 돈이 모인다'는 동양의 유대인, 거대중국의 자본가들이며 당시 세계 각지에서 연간 35조 원의 수입을 거둬 들였으며 세계 유명 상인 반열에 서 있던 그들의 이야기중 지금까지 필자의 뇌리에 남는 것은 그들이 협상술로 내건 '남의 닭을 빌려 달걀을 챙긴다'였다.

아울러 중국사람들이 말해 주는 온주 상인과 협상할 때 주의해야 하는 3가지 요소는 지금까지 내 뇌리에 선명하게 남아있다.

첫째, 온주상인 앞에서는 그 어떤 것도 자랑해서는 안된다. 특히 자기 자신의 계정에 대해서는 일체 입을 다물어야 한다. 자신이 영리하고 재치 있으며 돈이 많다고 자랑하는 순간 그들의 타깃이 된다.

둘째, 의표를 찌르는 그들의 말과 행동에 당황해서는 안된다. 대신 변화에 대해 철저히 준비하고 대책을 세워야 한다. 그들이 무슨 행동을 하더라도 대처할 수 있도록 미리 준비하고 설령 그들이 우세해 보여도 주도권을 잃지 말아야 한다.

마지막으로 그들의 두꺼운 얼굴과 베짱에 흔들리면 안된다. 끝까지 자신의 입장을 고수해야 한다. 온주 상인은 까다롭고 전문성을 요구하는 대목에 이르면 자신은 그저 판매 대리인일 뿐이라고 오리발을 내미는 경우가 많다. 자신의 이익과 관련해서는 철저하게 따지면서도 상대방의 요구에 대해서는 한발짝 물러선다.

한마디로 그들은 냉철한 상황인식을 통해 과감성과 결단력을 발휘하고 불리할수록 더 많은 정보를 수집하여 협상을 주도하는 경향이 있다. 이보다 더한 협상교과서가 또 있을까? 아쉽게도 우리는 그들처럼 협상에 대해 훈련 받지 못했다. 협상을 두려워할만큼 자신감도 결여되어 있으며 정보수집 등 준비마저 소홀

하다. 아울러 베짱이 부족하고 체면치레로 협상테이블의 패자가 되기 일쑤다.

그렇다면 협상을 성공적으로 성사시키기 위해서 어떤 요소를 감안해야 할까? 먼저 협상대상자에 대한 언어나 행동 등의 정보를 입수해야 한다. 또한 경쟁이나, 합법성, 리스크, 선례 등에서 파워를 행사할 수 있는지 꼼꼼히 살펴야 하고 최종적으로 종료시한이 어디쯤인지 사전정보를 입수해야 한다.

협상에 이용되는 테크닉은 최후통첩을 하는 강공법 외에 필요를 충족시켜 주고 측면을 공격하며 경쟁의식을 유발하는 전략이 있다. 더불어 약점을 강점으로 포장하는 방법이 있으며 대안의 여지를 두는 기술도 종종 사용되고 있다.

역시 협상은 사전적 의미대로 어떤 목적에 부합되는 결정을 하기 위하여 여럿이 서로 의논하는 것에 있지만 궁극적으로는 주도권을 잡아 자신의 목적을 이루는 데 있다.

어떻게 하면 이기는 협상을 할까?

1. 상황을 먼저 파악하라
성과가 중요한지, 관계가 중요한지. 단기적인지 중장기적인지 파악하라.

2. 최종적으로 의사결정자와 단판 지으라

먼저 협상대상자를 찾아야 한다. 거래의 가치를 높게 평가하는 자는 누구며, 협상에 영향을 줄 수 있는 이, 실무자나 거래승인자 등등.

3. 결렬에 대비하라

협상에 늘 이기라는 법은 없다. 이때는 결렬시 대안을 준비해 두어야 한다.

4. 상대방의 눈높이를 맞추라

첫 인상이 큰 영향을 미친다는 초두(初頭)효과가 그것이다. 나중의 인상이 영향을 미치는 신근효과도 있다.

5. 의제를 다양하게 하라

협상 파이를 키워 윈윈 할 수 있는 토대를 만들고 하나의 의제보다는 여러 개의 세분화된 의제로 협상되야 한다.

이밖에 허브 코헨이 제시하는 협상의 법칙 10가지 중에 눈여겨 볼 것은 논점을 벗어나도 지켜보라는 것, 답을 알아도 태연히 질문을 던지라는 것, 상대가 위기로 몰아칠 때 그냥 내버려두라는 것, 잘못이라 생각하면 무조건 사과하라는 것 등, 협상력을 높이기 위해 참조할 여지가 많다.

끝으로 이해를 돕기 위해 한가지 사례를 들겠다.

1930년초 한 연구기관의 원장과 유럽에서 활동 중인 대과학자가 만난다. 원장은 학자를 자신의 기관으로 스카우트 하려고 연봉을 묻는다.

그가 대답했다. "한 3천 달러면 괜찮을 것 같습니다." 잠시 고민하던 원장은 이렇게 응답했다. "1만 달러를 드리겠습니다." 학자는 원장의 파격적인 제안에 놀라는 표정을 지었다. 앞선 학자는 우리가 잘 아는 아인슈타인이다.

오로지 연구만 몰두해서 세상 물정에 어두운 그는 미국의 A급 교수의 평균 몸값이 7천 달러라는 사실을 몰랐다. (당시에는 불행하게도 구글같은 검색도구가 없었다.) 그래서 그냥 자신이 유럽에서 받던 연봉 수준으로 3천 달러를 요구한 것이다.

이에 대해 프린스턴 고등연구소의 플렉스너 원장은 당시로서는 파격적인 1만 달러를 주겠다고 답한 것이다. 어차피 시간이 지나면 아인슈타인은 자신의 몸값을 알텐데 플렉스너는 '1년간 몇 천달러 아끼느니 천재의 마음을 얻는 것이 낫겠다'는 판단을 하였다고 한다. 이후 아인슈타인은 프린스턴에서 기념비적인 연구 성과를 만들어 냈고 그후 하버드, 예일 등 유수대학에서 파격적인 조건을 제시했지만 그는 자신도 몰랐던 자신의 가치를 인정해 준 프린스턴 대학을 위해서 평생 봉직한다.

유능한 마케터가 되려면 이기는 협상을 하라. "그들이 당신을 필요로 하는 것보다 당신이 그들을 더 필요로 한다는 인식을 심어 주라."는 마오쩌둥의 말은 협상을 준비하는 전문가들에게 더욱 시사하는 바가 크다.

골리앗의 오류,
다윗의 지혜

 성경속에 나오는 다윗과 골리앗의 이야기는 기독교인이든 비기독교인이든 너무 많이 인용해 식상할 정도다.
 경영사학자 말콤 그래드웰은 2014년 '강자를 이기는 약자의 기술'이라는 부제로 '다윗과 골리앗'을 출간하였다. 이 책에서도 다윗은 용기와 지혜를 갖춘 영웅으로 묘사된다. 거인 골리앗은 전통적 의미의 강자이지만 비참한 최후의 당사자로 소개된다.
 먼저 무대위에 골리앗을 세워보자. 구약성경(삼상 17:4)에 등장하는 블레셋의 거인 병사다. 키는 6규빗 한 뼘 즉, 290cm였다.
 강국 블레셋은 힘센 장사이며 백전노장인 그를 앞세워 이스라엘을 침공했다. 그의 등장은 이스라엘을 공포에 빠지게 하였다.
 그의 갑옷과 무기는 무겁고 튼튼했으며 던지는 창과 찌르는 창, 그리고 차고 있는 칼은 매우 위력적이었다. 게다가 보조병까지 커다란 방패를 들고 있었다.

　풍부한 전투경험을 지닌 블레셋 사람들은 지루하게 교착상태를 이루기보다 일대일 대결이 합리적이라 생각했다. 누가봐도 쉬운 전쟁이었다.

　그러나 이스라엘 진지에서는 어떤 움직임도 보이지 않았다. 그런 상황에서 대역전극이 일어났는데 그 패착 원인은 골리앗의, 아니 더 나아가 블레셋의 판단미스, 오류였다. 왜 그 기세당당하던 골리앗은 패자가 되었는가?

골리앗의 세가지 오류

1. 전쟁터에 대한 지형을 무시했다.

　역사에 의하면 블레셋 사람들은 크레타섬 출신으로 팔레스타인으로 이주하여 해양에 정착한 해양민족이었다고 한다.

　당시 이스라엘은 사울 왕의 영도 속에 산악지대에서 무리지어 살던 족속이었다. 해양과 산악. 이 천양지차인 환경에서 골리앗은 자신만의 방식으로 전쟁을 이끌어 간 것이다.

　더구나 전쟁은 규모만 의지해서는 안된다는 사실을 일러둔다. 일예로 이순신장군은 12척의 배로 어떻게 일본의 배 330척을 궤멸시켰던가? 그것은 지형에 대한 이해와 강력한 리더십, 더 이상 물러설 수 없으며 이 전쟁을 통해 전세를 바꾸겠다는 투철한 의지 때문이었을 것이다. 개전시 과도한 자만심과 적에 대한 이해부족이 어떤 결과를 만들어 갈지 골리앗은 몰랐다.

2. 전쟁의 룰을 어겼다.

블레셋과 이스라엘의 진지는 기존의 대량공격을 통한 죽기 아니면 살기식 즉, 치킨게임을 불허했다. 성경에 의하면 블레셋 군대는 엘라의 남쪽 능선을 따라 진지를 구축했고 이스라엘 군대는 북쪽 능선을 따라 반대편에 진지를 만들었다. 두 진영은 협곡을 사이에 두고 서로 마주 보는 형세가 되었다.

이때 나온 전투방식은 뛰어난 병사를 한사람씩 보내 일대일 대결을 하는 것이었다. 그런데 이해할 수 없는 일인의 출현이 있었다. 성경에는 그가 시종의 손을 잡고 천천히 걸어왔다는 기록이 있다. 말하자면 1:1 대결을 하자며 그는 2:1의 불공정한 싸움을 진행하였다

'다윗과 골리앗'을 쓴 말콤 그래드웰(Malcolm Gladwell)은 앞선 행동과 다윗이 다가오는 것을 알아보지 못한 것, 지팡이가 여러 개로 보였다는 기록에서 골리앗을 용맹한 전사이기보다는 병들고 허세 가득한 인물로 보았다.

3. 누가 자기의 맞상대가 될지 예측하지 못했다.

고대에는 세 가지 병종의 군사가 있었다. 첫째는 가장 많은 수를 차지했던 보병이었다. 이들은 갑옷으로 중무장했고 던지는 창

과 찌르는 창, 짧은 칼을 들었다. 싸움이 벌어지면 방패를 앞세우고 집단대형으로 임했다. 둘째는 기병이었는데 전차를 타거나 말을 타고 적을 혼란시키거나 패주하는 적을 쫓아가는 역할을 했다. 셋째는 발사병이었다. 그들은 활쏘는 궁수와 돌을 던지는 투석병으로 구성되었다. 이들은 가벼운 갑옷을 입었고 보병뒤에 숨어서 상대편을 공격하는 역할을 했다.

이 세 병종은 물고 물리는 관계였다. 창을 든 보병은 말을 타고 전진하는 기병에 강하고 기병은 발사병을 공격할 수 있었으나 발사병은 보병을 꼼짝 못하게 만들 수 있었다. 그렇다면 아무리 양치기 목동일지라도 물맷돌로 무장된 투석병을 무엇으로 막아 낼 수 있을까? "내게로 오라"고 외치는 골리앗을 적당한 거리에서 급소를 공격하는 저 투석병의 기개와 믿음은 어떻게 설명할 수 있을까?

평소 양떼를 공격한 사자와 곰을 이겼던 경험과 능력, 자신이 믿는 여호와의 군대를 능욕한 불의에 대한 의분이 다윗의 등을 떠밀었다. 그는 숙련된 투석병이었으며 그가 가진 물맷돌은 치명적 무기였다. 그렇다면 다윗의 지혜는 무엇이었을까?

첫째, 그는 의롭고 사람 에너지가 충만한 사람이었다. 자신이 믿는 여호와를 모욕하는 골리앗에게 이렇게 말한다. "너는 칼과 창과 단창으로 내게 나아오거니와 나는 만군의 여호와 이름, 곧

네가 모욕하는 이스라엘 군대의 하나님이름으로 네게 나아가노라. 오늘 주님께서 너를 내 손에 넘기시리니, 내가 너를 쳐서 네 목을 벨 것이다."

둘째, 그는 강자의 법칙보다 훈련받은 약자의 무한가능성에 중심을 둔 용장이었다. 사무엘상 17장에 이스라엘의 왕 사울이 등장한다. 일단 베들레헴 양치기소년 다윗에 신뢰를 갖지 못하고 만류를 하다 마지못해 자신이 소유한 놋투구와 칼, 갑옷을 건네준다. 반전의 전조증상이 나타난다. "익숙하지 않으니 저는 이것을 입고 걷지 못하나이다" 그리고 그는 자신만 아는, 익숙한 물맷돌 5개를 줍는다. 여기서 강자인 골리앗의 모멸감은 극에 이른다.

마지막으로 다윗은 전쟁에 임하여 상대와 다른 전략을 구사할 줄 아는 사람이었다. 우선 갑옷을 입지 않아 속도와 기동성이 있어 이길 것이란 확신이 있었다. 후에 전문가들은 투석병 다윗이 35미터 거리에서 날린 보통 크기의 돌이 초속 34미터(시속 120km)로 골리앗의 머리를 맞추었을 것이라 추정하였다. 그의 용기를 보라.

그의 독백은 이랬다. "전쟁은 주님께 속한 것인즉, 그가 너희를 우리 손에 넘기시리라" 이미 굳건한 멘탈과 믿음이 상대를 제압하였다.

성경은 이 통쾌한 반전을 이렇게 기록하고 있다. "블레셋 사람들이 자기 용사의 죽음을 보고 도망하는 지라…"

만일 골리앗이 현실만 보지 않고 이 전쟁을 신중히 보고 순발력 있고 유효한 전략을 짰더라면 결과는 어떻게 나왔을까? 이 사례는 강자의 위치에 있다고 해서 절대우위에 있지 않음을 보여준다. 아울러 약자는 약자대로 강점을 활용해야 한다. 이 사례하나로 생각할 여지가 너무 많다. 골리앗은 무능했고 다윗은 하나님의 사람임을 입증했다.(다윗과 골리앗/말콤글래드웰/21세기북스/2014.01.04.)

마케터 예수를 만나다.
성경이 마케팅을 만나면?

 마케터로서 롤모델을 들라하면 나는 주저 없이 예수님을 들겠다. 나는 마켓팅 해법이 난해할 때는 속으로 이런 질문을 던지곤 한다. "예수님이라면 어떻게 하셨을까?"

 필자가 광고계에 있을 때 비록 번역본이었지만 눈길을 끄는 책 한 권이 있었다. 미국의 유명광고인 부루스 바튼(Bruce Barton)이 쓴 '예수, 영원한 광고인'이었다.

 원제명(題名)은 "The Man Knows A Discovery of the Real Jesus"으로 책을 쓴 동기가 '누구나 알고 있는 사나이 예수를 실상은 아무도 잘 모르고 있기에 그 진수를 알려주기 위해서'라며 부제목을 '아무도 모르는 사나이'로 정했다고 설명해 주었다.

 그렇다면 예수는 시대를 초월한 마케터였을까?

1. 예수는 권한위임(Empowerment)의 달인이었다.

목적은 효율성 증대와 책임감 강화였다. 예수는 제자들이 권한을 행사할 준비가 되기 전에 그의 이름으로 행동할 수 있는 권한을 주었다. 제자들을 전도여행 보내면서 이렇게 말한다. "병든 사람을 고치고 죽은 사람을 살리고 문둥병자를 깨끗하게 하며 귀신을 쫓아내어라. 너희가 거저 받았으니 거저주어라" 그래서인지 그들은 돌아와서 그들이 행한 바를 예수께 보고한다.

이렇게 해서 예수가 제자에게 능력을 이양한 셈이 된 것이다. 더 나아가 예수는 제자들을 단순한 일꾼이 아닌 그 일을 수행하여야 할 주체로 보고 무엇을 입을 것이며 누구에게 말할 것인지 세세한 지침을 준다.

2. 예수는 청중에게 평생가치를 주었다.

예수는 치유로, 설교로, 대화로 청중에게 깊은 감동과 신뢰를 주었다고 한다. 특히 예수의 평생가치는 이전에 들어 보지 못한 복음이었는데 마케팅에서는 고객 생애가치를 부분적으로나마 연상케한다.

3. 예수는 한 사람, 한 사람에게 초점을 맞추었다.

예수는 매일, 시시때때로 피곤함도 잊은 채 청중을 가르치고 그들의 질문에 답하였다. 또한 개개인을 상대로 한 사역을 꽤 비중있게 다루었다. 예수는 한 사람, 한 사람을 환대했을뿐 아니라 마음속 깊은 곳까지 배려하고 섬기는 자세를 잃지 않았다.

어찌보면 그의 대상은 군중이기보다는 그곳에 모인 개개인의 영혼이었는지 모른다. 개개인의 삶에 관심을 가져주고 미래의 청사진까지 제시해주는 그 모습을 연상해 보라. 따져보면 개인화와 맞춤은 그 기원이 엄청 길다는 사실.

4. 예수는 구체적이고 회화적인 커뮤니케이터였다.

성경속에 예수의 설교를 보면 드라마틱하기 보다는 유대인의 실생활을 들여다보는 느낌이 있다. 일예로 성경을 찬찬히 읽어보면 맷돌로 곡식을 간 후 발효를 위해 효모를 집어넣는 하인, 가정의 낡은 옷을 깁고 있는 어머니, 포도즙을 가죽부대에 걸러내는 아버지를 만날 수 있다. 망태와 포도짜는 기구가 있는 포도원, 목자가 양떼를 두고 잃은 양을 찾으러 멀리 언덕이나 작은 골짜기를 다니는 모습, 죄인처럼 머리를 조아리고 기도하는 세리, 큰소리로 기도하는 바리새인 등등.

그래서 군중은 그의 설교를 맛있게 들었고 넋이 빠지게 그속으로 침몰해 들어갔다. 나는 이렇게 권한다. 꾸미지도 포장하지도 말며 색다른 그림을 주려고도 하지마라. 예수처럼 진정성 있게 다가가기를.

5. 예수는 내부조직을 우선했다.

예수의 내부조직인 제자들의 상태는 그리 좋아 보이지 않는다. 제자 중의 대다수를 차지하는 어부와 세리의 부조화는 이 생각을 더욱 명확하게 한다. 깊어가는 갈등은 세리 마태를 제자 삼을 때 바리새인에 의해 제기된다. "당신네 스승은 어째서 세리와 죄인들과 함께 음식을 먹는 것이오?" 그때 예수가 말했다. "튼튼한 이들에게는 의사가 필요하지 않으나 병든 이에게는 필요하다. ~ 나는 의인보다 죄인을 부르러 왔노라."(마 9:9~13)

죄 많은 이, 작은 이, 멸시대상자들. 예수는 내부조직을 가르쳤고 자기 주위에서 무엇이 진행되었는지 확실히 알게 했다. 아마 존중하고 소통하는 가운데 갈등을 최소화하고 협업을 원활하게 하면 현장에서 만나는 내부조직의 성장으로 말미암아 확장될 것이라고 믿었던 것은 아닐까? 후에 예수는 "제자삼아 가르쳐 지키게 하라"는 지상명령을 내린다.(마 28:16~20)

6. 예수는 탁월한 스토리텔러였다.

예수앞에 모인 청중들은 깨닫는 능력도, 영적인 체험과 정보에도 무지한 사람들이었다. 그들에게 예수는 딱딱한 교리문제를 실생활로 풀어내는 탁월한 소통능력을 보였는데 그 수단은 이야기체의 메시지였다.

그 이야기에는 청중의 행동변화를 이끌만한 신비로운 영적파워가 있었다. 어려운 것을 쉽게 풀어 전달하는 고난이도의 기법은 예수가 살아 생전 산위에서 설교했다는 산상수훈에 잘 나타나 있다. "마음이 가난한 사람은 행복하다. 하늘나라가 그들의 것이다. 슬퍼하는 사람은 행복하다. 그들은 위로를 받을 것이다."
(마태복음 5~7장)

여기서 청중을 사로 잡았다는 것은 예수 스스로 청중에 대한 부담과 사명을 가졌다는 사실이다. 예수의 스토리에는 '감동'과 '놀라움'이 배여 있었다. 유능한 마케터는 고객의 입장에서 생각하고 결정하며 삶에 접목하는 이야기꾼이 되어야한다.

7. 예수는 주어진 자원을 잘 활용했다.

예수는 추상적인 것을 가르칠 때 어려운 설명 대신 그 대상물을 직접 보여줌으로써 청중이 스스로 그 의미를 파악하게 했다. 대표적인 예로 제자들이 천국에서는 누가 큰 자냐고 질문했을 때 예수는 그들 앞에 어린아이를 세웠다. 이는 준비됐든 그렇지 않든 예수가 자신의 의지를 표현하기 위해 주어진 자원을 최대한 관리하고 활용했다는 증거이다. 이 방법은 어떤 설명이나 토론을 필요로 하지 않는다.

결론은 그 마음이 어린아이와 같지 않으면 결단코 천국에 들어갈 수 없다는 것이었다. 의식주의 염려에는 "공중에 나는 새를 보라"는 말로, 부(富)의 위험성에 대해서는 "부자가 천국에 들어가기는 낙타가 바늘구멍에 들어가는 것보다 더 어렵다"는 말로 자신의 뜻을 강조했다.

이렇듯 설교자 예수는 하찮은 들꽃, 돌멩이 하나라도 자신의 메시지 전달을 위한 자원으로 생각하고 활용했다. 사랑과 봉사를 설명하기 위해 제자의 발을 씻겨준 일은 더 이상 어떤 설명이 필요하겠는가? 결론은 진정성이다. 마케터에게도 순수함이 요구되는 절박한 시기.

- 내게 성경속에 나타난 예수의 언어와 행동, 그리고 영적인 호흡은 해석조차 불가한 신성함 그 자체였다. 그 충격을 리디십, 커뮤니케이션, 관계 등으로 나눠 집필한 작품이 1999년 〈메시지 전달혁명〉, 2000년 〈리더쇼크〉, 2003년〈예수 CRM〉이었다.

마케팅 스페셜리스트는
무엇으로 사는가?

과거 TV 드라마 제목 중 '여자는 무엇으로 사는가?'라는 드라마가 있었는데, 그 제목을 대할 때마다 나는 한편으로는 정체성을 묻는 것 같고 한편으로는 본질을 묻는 것 같다는 애매모호한 생각이 들었다.

마케팅컨설턴트로 살다가 스티브잡스의 스페셜리스트의 단어에 충격을 받아 마케팅 스페셜리스트가 되었다. 컨설팅이라는 태평양 같은 범주에서 특화된 전문가라는 스페셜리스트로 포커싱되면서 나의 생각도 많이 달라졌다.

그래서 가끔 내게 묻곤한다. "스페셜리스트는 무엇으로 사는가?"

1. 이끈다, 변화를.

책을 쓰거나, 전문가그룹과의 심도 있는 대화를 하다보면 종종 내 위치를 잃곤한다. 세상에 이렇게 앞서가는 사람, 아니 부류가 많은가? 변화를 선도하는 일부 스페셜리스트의 해박함과 통찰력은 나태한 나를 채찍질한다.

내게도 아직 삶의 방식을 바꾸는 것이 어렵고 경험하지 못한 미래 불확실성을 회피하는 경향이 있다. 더나아가 익숙함을 선호하거나 현실에 안주하려는 본능이 용솟음친다. 놀랍게도, 변화를 이끌어가는 스페셜리스트에게는 나와는 다른 DNA를 가지고 있는 점을 발견한다. 그래서 다시 생각을 바꾼다. 개방적이고 미래지향적인 사고로 이들과 협업하기로.

2. 새로운 가치와 표준을 만든다.

기술혁신은 끊임없이 새로운 표준을 만든다. 기존경쟁력의 개념조차 퇴색될 정도로. 미국의 엔비디아는 A.I기술의 급속한 발전과 함께 전 세계에서 주목받는 A.I 관련 기업으로 2023년 전 세계 반도체 중 매출 1위를 기록하였다.(기업가치 3조달러)

적어도 엔비디아를 추월할 기업이 나타날 조짐은 당분간 없어 보였다.

그러나 중국의 딥시크의 등장으로 글로벌 생태계가 흔들리며 반도체시장은 요동치게 되었다.

딥시크 최신 A.I 모델 V3와 R1이 미국 최고 수준 모델과 경쟁할 수 있는 수준이라는 점과 훈련비용이 훨씬 적게 들었다는 시장의 평가는 고비용의 엔비디아의 독주를 깨고 더 저렴한 A.I와 더 많은 A.I의 출현을 예고하고 있다.

이미 엔비디아의 주가는 폭락하였고 앞으로 빅테크는 저가칩을 구매할 공산이 크다.

3. 끊임없이 혁신하고 패러다임을 바꾼다.

마케팅 스페셜리스트는 기술발전과 시장변화를 주시하고 지속적으로 혁신해야 한다.

세계 최고의 휴대폰 회사였던 노키아가 아이폰 출현에 대해 어떻게 생각했는지 이에 대한 연구문서가 꽤 흥미를 자아낸다.

IT매체 나인투파이브맥은 새롭게 공개된 아카이브(기밀 프레젠테이션)에서 노키아 내부에서 최소 9명의 직원들이 아이폰 출시 다음날 거대한 위험을 인식했다는 사실을 전했다. 그러나 당시 노키아의 고위 임원은 아이폰의 위험을 경고하는 이들의 말을 귀담아 듣지 않았으며 불행히도 7년만에 노키아는 스마트폰에서 철수하게 된다.

아이폰의 출시가 시장을 완전히 바꿀 것이라는 사실을 간과한 것이다. 아이폰 출시전 노키아는 모바일 시장에 약 50%의 시장점유율을 가졌으며 재정적으로 탄탄하였으며 쿨하고 스타일리시한 디자인으로 청소년들이 가장 사용하고 싶어하는 브랜드로 꼽히기도 하였다. 한마디로 노키아는 이런 저런 이유로 애플의 존재를 인정하지 않으려 했다.

다시 돌아와 2007년 노키아 비밀 보고서에서 경영진은 어떤 점을 우려했을까?

이 보고서의 중심은 '가격'이었다. 결국 아이폰의 가격이 소비자의 구매를 망설이게 할 것이며 소비자들은 사용하던 작은 쿼티자판을 고수할 것이라 생각했다.(아이폰의 터치스크린) 결과는 정반대였다.

그들도 처음 목격한 UI(User Interface: 사용자가 직접적으로 상호작용하는 접점의 시각적 요소)를 '시각적으로 놀랍고 반응이 놀랍다'고 평가하고 사용자 경험의 기준을 바꿀 수 있다고 보았다. 그러나 그들의 비즈니스는 정반대의 길로 가고 있었다. 운영체제에 대한 몰이해(OS), 터치스크린 연구중단 등. "조크 같은 제품이다. 시장에서 먹히지 않을 것이다. 우리가 정한 것이 표준이다"라며 애플을 조롱하던 노키아 최고경영자의 말이 반면교사로 들린다.

마케팅 스페셜리스트는 고객의 변화와 시장의 움직임을 주시하며 패러다임의 전환에도 주목해야 한다.

4. 불확실성을 감수하고 용감하게 도전한다.

세계는 지금, 빅블러(Big Blur)현상으로 불확실성이 높아지고 있다. 빅블러란 산업간 경계가 모호해지는 현상으로 이는 기술혁신과 디지털 전환으로 인해 가속화되고 있다. 예를 들면 온라인 서점으로 시작한 아마존은 지금 전자상거래, 음악스트리밍, 미디어, 금융, 클라우드산업에 뛰어들었으며 스마트폰 제조사인 애플은 OTT 서비스를 위해 애플TV+를 출시했다.

또한 차량공유회사 우버는 우버이츠를 통해 음식배달서비스 시장에 진출했고 테슬라는 인공지능(A.I) 기술로 차량의 주행데이터를 분석해 개별운전자의 사고위험을 계산하여 보험료를 책정한다.

이런 빅블러현상에 마케팅 스페셜리스트는 변화하고 있는 시장을 분석하고 시장진입의 방해요소를 제거해야한다. 이 현상 외에 초기 비즈니스모델로 수익이 악화될 때 신규시장 확대를 위해 마케팅 스페셜리스트는 네트워크를 통해 도전하거나 확장을 시도해도 좋을 것 같다.

아울러 불황기를 맞아 기업의 불확실성이 높아가고 예상치 않던 리스크(전쟁, 환경, 금융리스크 등)가 확대됨으로 마케팅 스페셜리스트의 역할도 한층 커져갈 것 같다.

프로의 하루는 오페라 보다 길다
-당신의 하루는 안녕하신가?

    1994년 나는 위와 같은 제목의 수필집을 출간하였다. 속 내용이야 생각나는 대로 쓴다는 수필 어원처럼 잡동사니 같은 내용이었다. 지금은 40을 바라보는 딸아이의 성장기, 나이를 먹어 가는 것에 대한 두려움, 아내와 있었던 웃지못할 에피소드를 주저리주저리 늘어놓기도 하고 수필집답게 추억 얘기도 한바탕 늘어놓았다. 서재 한구석에 놓여있는 이 책을 꺼내면서 '하루'라는 단어에 꽂혔다. 60중반이 넘은 지금의 나의 '하루'는 무엇일까? 어떤 생각을 하고 전화를 하며 무슨 일을 하고자 하는지 갑자기 궁금해졌다.

    기상, 아침 그리고 커피향에 감성을 피우다.
    벽에 기대기만 해도 코를 골더니 이제 나이 듦을 확인하려는

지 4~5시간이면 눈이 떠진다. 커피를 아무리 마셔도 꺼떡 없던 이 몸은 과거의 나를 부인한다.

머리맡에 있는 핸드폰을 찾아 맹모닝(아침에 깨달은 단상)을 쓰고 보낸다. 벌써 15년째다. 한번 시작하면 끝을 보는 내 성격의 결과물일까? 기다렸다는 듯이 톡이 울린다. 생각이 많은 이들은 그날그날 자신의 문제와 단상을 적어 보낸다. 어찌보면 말 이외에 유일하게 할 수 있는 대화이다. 산다는 것이 이렇게 복잡한 것인지.

머리맡에 놓여진 자리끼 물을 들이키고 안마의자에 몸을 맡기고 텃밭을 바라본다. 가끔 사람처럼 텃밭에 들어와 두리번 두리번하던 고라니가 보이지 않는다. 전원주택은 사람과 동물도 하나의 자연처럼 착각을 하게 한다.

뜬금없이 마을에 정착한 지 꽤 오래됐다는 고양이가 물끄러미 쳐다보고 있다. 어제는 강의할 원고도 다듬고 도착한 메일을 읽고 답장을 보냈다. 코로나19 이후 텃밭이 훤히 보이는 나의 서재가 직장이 된 지 3~4년이 흘렀다.

그러니까 가장 가까운 직장을 둔 것이다. 코로나19 때 경제적으로나 사회적으로 참 힘들었다. 사람들이, 사회가 그렇게 무기력할 줄 몰랐다. 하루아침에 쓰러져가는 사람들을 보며 안녕이라는 말이 참 힘든 말이라는 생각을 했다. 그 당시 양성, 격리, 확산이라는 용어는 법정의 판결문같이 들렸다. 그래도 무사히 지나감에 안도를 느낀다.

가벼운 아침식사 후 여러 약을 챙겨 먹었다. 점점 약이 늘어나는 것 같다. 그만큼 내 몸이 예전 같지 않다는 신호다. 조간을 찾아 읽는다. 아직도 종이신문을 읽냐고 제자가 힐난하지만 그동안 길들여진 습관은 고치기가 어렵다. 정치면은 패스, 소음이 묻어나는 것 같아 경제면, 문화면을 훑는다. 특히 경제면은 강의나 대화에 필요한 것 같아 스크랩을 해둔다. 문화면을 보면서 괜찮은 영화 한편을 보거나 미술전람회에 가고 싶다는 생각을 한다.

잊은 것이 없나 스케줄을 확인한다. 진주에서 운영하는 마케팅최고위과정의 스케쥴과 교통편 확인. 그 좋았던 기억이 깜박된다. 아내가 내린 드립커피에 과자 반 개 뚝떼어 입에 넣는다. 커피향과 어울려 비스켓 향이 입안을 오르내린다.

점심, 치열함에 대한 보상으로 맛대접 받다.

아직도 현역이라는 존재감이 실감나는 것은 회의 가운데 내가 있다는 사실이다.

굳이 MZ와 거리를 두거나 다른 부류의 사람으로 분리할 의도는 없지만 그들의 생각과 표현은 달라도 한참 다르다. 스스로 잘 적응하고 있다는 위로를 하며 회의를 이어간다. 꼭 결론을 내리지 않아도 되는데 주관하는 측은 애가 타나 보다.

생각 같아서는 옛날 경험을 얘기하고 싶지만 '라떼'라고 할까 봐 인내력을 발휘한다. 한 분야에 30여 년을 버티다 보니 어렴풋이 뭔가가 보인다. 통찰력이라 하기에 빈약하지만. 회의 중 그냥 지나쳐서는 안되는 지점에 이르러서는 조금 목소리를 키운다. 그렇다고 다른 사람의 의도를 방해하고 싶지 않다. 회의 분위기가 갑자기 내가 수정한 의견으로 회군하기 시작한다. 예우차원인가? 아니면 미처 생각지 못한 부분의 자성인가? 회의가 끝나자 조심스레 다가와 "명불허전이세요"하고 듣기 좋은 소리를 한다.

어찌됐든 치열함의 댓가로 맛난 복집에 갔다. 식사 중 울린 친구의 부음. 표정 관리가 힘이 들었다. 세상이야 한낮의 꿈인게지 뭐.

저녁 그리고 칠흑같은 어둠 속에 반딧불처럼

중년 이후부터 나의 애마는 나의 작은 소극장이 되었다. 젊은 날 다방DJ 시절 들었던 노래를 선곡해 밤길을 운전했다. 지나간 추억들이 칠흑같은 밤 한가운데 반딧불처럼 반짝인다.

데비분. 'You Light Up My Life' 듣고 또 들어도 가슴 한구석을 파고드는 노래.

몇 번의 전화를 받았다. 강의 날짜가 바뀌었다고 죄송하다며 목소리를 낮춘다. 원고마감이 언제였더라? 생각이 머릿속을 맴도는데 도대체 의욕이 나지 않는다.

언제 저 글감옥에서 탈출할까? 혼불문학관 최명희 작가의 육필원고와 조정래 작가의 태백산맥 원고탑을 보면서 가슴을 쓸어내렸던 기억이난다. 갑자기! 뼈와 살, 영혼이 뭉개진 원고뭉치를.

다시 마음을 정리한다. 내일모레 프레젠테이션 해야할 마케팅 전략서도 오늘 밤엔 어느 정도 구성해야 한다. 나와의 싸움만 남 았다. 대추차를 들고 서재에 들어간다. 무엇이라도 해야하는데. 그래도 하루는 안녕했는지??

하루를 정리하며

가면 다시 오지 않는 하루가 이슬처럼 내려왔다. 아침 기상 후 감았던 눈을 뜨니 햇빛이 내 눈을 파고들어 왔다. 이 커피의 잔향은 행복의 그림자더냐. 이 햇살 하나는 천사의 부드러운 손길이더냐.

아침도 아닌 저녁도 아닌 참 애매한 점심. 친구처럼 계면쩍게 다가왔다. 치열함의 댓가로, 잘했다는 수고로 우리는 어제 술먹은 주당처럼 소리내어 복국 한그릇을 먹어치웠다. 집으로 가는 하루의 중턱, 외로움이 몰려와서 대책없이 데비분의 노래를 틀었다. 누구를 위한 울음인지. 어떤 기억의 결과인지. 집으로 오는 길 할 일도 많지만 생각없이 대추차를 들고 글감옥에 입장한다. 하루는 안녕한지 길지도 짧지도 않은 그대만의 하루.

"

마케팅 스페셜리스트로
수 없는 질문을 받아왔다.
그러는 가운데 즉문즉답 형식으로
때로는 선문답처럼
때로는 선동가처럼
때로는 전문가의 페르소나로

세상은 경천동지(驚天動地)할 만큼 바뀌었는데
이를 바라보는
시각과 관점은 그대로라니

통탄(痛嘆)의 염(念)

2부

마케팅,
찢다

맹사부, 답(答) 하다

설득할까?
참여할까?

Q 묻다

신종코로나 팬데믹(대유행)으로 여행과 공유경제의 대명사였던 에어비앤비가 직격탄을 맞았습니다. 예정되어 있던 기업공개(IPO)는 무산되었고, 전 세계에서 밀려드는 환불 요청건수가 예약건수를 앞질렀습니다.

에어비앤비 공동창업자 브라이언 체스키(Brian Chesky)는 "우리가 알고 있던 여행은 끝났다. 절대 돌아오지 않을 것"이라는 암담한 전망을 내놓기도 하였습니다.

그러나 에어비앤비는 구조조정과 함께 회사를 바닥에서부터 재건하겠다는 의지로 팬데믹 이전에 추진하던 호텔, 럭셔리 숙박, 교통, 미디어 같은 사업을 중단하고, 주력사업인 소형주택 위주의 숙박 공유사업에 주력하기로 하였답니다. 그동안 대도시 중심의 장거리여행을 지양하고 'Go near(가까운 곳으로 가자)'라는 캠페인을 시작하고 웹사이트와 앱의 알고리즘을 재설계하여 잠재적인 여행자들이 거주지 근처의 여행지를 추천받을 수 있게 만들었습니다.

놀라운 것은 팬데믹 이후 특정 시간, 특정 장소에서 일해야 할 직장인들이 해방되었다는 사실입니다. 어디에서나 일하고, 언제든지 여행하고, 더 오래 머물게 된 유연성의 트렌드.

에어비앤비는 이 트렌드를 감안한 '유연한 검색'기능을 도입하였다고 합니다. 이를테면 이 검색을 선택하면 여행지를 정하지 않아도 해변, 농장, 통나무집 등 24개의 카테고리별 숙소를 살펴볼 수 있습니다. 일정 역시 정확한 날짜를 입력하는 대신 주말 휴가, 일주일 휴가, 또는 한달 살기 같은 방식으로 검색할 수 있습니다.

체스키CEO는 앞으로 여행산업에서 성공산업의 열쇠는 '누가 최고의 경험을 제공 하느냐'가 될 것이라 내다 보았습니다. 지금까지 브랜드 가치를 높이고, 광고나 마케팅의 수단을 통해 고객의 필요와 욕망을 높이는 일종의 설득커뮤니케이션이 시장지배력을 높이는 것으로 인식했습니다. 그런데 에어비앤비의 불황기 전략이라 보여지는 '유연한 검색'은 이전과 정반대 양상을 보이고 있습니다. 질문의 요지는 이것입니다. 고객이 경험하고 참여하는 이런 상황을 어떻게 분석해야 하나요?

A 맹사부답하다

디지털 시대 이후 정보의 주도권을 쥔 능동적인 고객이 등장했습니다. 어떤 광고, 판촉으로도 이제는 고객을 설득하지 못합니다. 심지어 연예인의 팬덤같은 고객도 등장하였고 커뮤니티를 통해 상품 이상의 가치를 추구합니다. 이미지보다는 진정성을 추구하고 체험을 통해 확인하려고 합니다.

언급한 에어비앤비의 전략은 단순히 제품의 차원을 떠나 기업이 고객과 상호적 소통하고 주도적인 역할을 제공함으로써 지속가능한 마케팅을 구사하려는 의지로 보여집니다. 한마디로 '고객참여'라 정의합니다.

그렇다고 하면 고객참여를 위한 유도전략은 어떻게 전개할까요?

첫째, 쇼셜미디어 플랫폼은 소비자와의 소통을 위한 강력한 도구입니다. 이 플랫폼으로 고객을 초대하십시오.

에어비앤비를 이용하는 고객들이 이용후기(장소, 문화, 관계 등)를 올려 브랜드의 편익을 알리거나 여행지에 관한 체험후기를 전하는 메시지는 잠재고객들에게는 깊은 호감을 줄 것입니다. 아울러 해시태그와 함께 올릴 수 있는 캠페인도 효율적입니다.

둘째, 체험마케팅을 활용합니다.

체험마케팅이란 단순한 구매경험을 넘어 소비자에게 체험의 기회를 제공하는 것이 핵심입니다. 에어비앤비는 고객에게 유연한 검색을 통해 3가지 체험의 기회를 제공합니다.

에어비앤비 체험 기회

① 유연한 예약일
고정된 날짜로 검색하는 대신 주말휴가, 일주일휴가, 또는 1개월 체류와 같은 여행기간을 중심으로 예약일을 검색하게 하였다.

② 유연한 숙소매칭
숙박할 장소를 검색 시 검색 범위를 살짝 벗어나는 집까지도 표시하도록 하였다.

③ 유연한 여행지
지역중심이 아니라 숙소중심으로 검색하게 하여 기대하지 않던 장소에서 양질의 숙소를 발견하게 하였다.

셋째, 커뮤니티를 구축합니다.

소비자와의 관계를 더욱 강화하기 위해서는 커뮤니티를 형성하는 것이 유익합니다.

할리데이비슨의 경우처럼 고객참여형 브랜드는 자체적인 온라인 또는 오프라인 커뮤니티를 형성하여 회원간 상호작용을 촉진하고 지속적인 관계를 형성합니다.

물론 브랜드 로열티를 향상시킬 수 있습니다.

넷째, 개인화된 커뮤니케이션을 실행하십시오.

소비자의 개별적 특성을 이해하고 이에 맞는 맞춤형 정보를 제공하는 것이 중요합니다. 모든 고객에게 동일한 메시지를 전달하기보다 각 소비자의 선호와 행동에 기반한 개인화된 접근이 더 효과적입니다.

다섯째, 지속 가능한 액션 캠페인을 진행합니다.

고객이 브랜드와 함께 할 수 있는 프로젝트를 설계하여 그들이 직접 참여할 수 있게 합니다.

따라서 브랜드에 대한 높은 자부심과 소속감을 가질 뿐아니라 긍정적인 이미지를 강화함과 동시에 지속가능한 선택을 하게 됩니다.

예를 들면 레고(LEGO) 같은 경우 소셜미디어를 통해 고객이 자신만의 레고 조립작품을 올리고 공유할 수 있는 플랫폼을 제공하여 고객의 창의력을 존중하고 촉진시키며 이를 제품개발에도 적극 반영합니다.

이밖에 소비자들이 자신의 아름다움을 공유하도록 한 도브의 '리얼뷰티'도 고객참여의 전형이라 말할 수 있습니다.

결론적으로 이제 기업은 인위적인 접근전략보다는 고객의 목소리에 귀 기울이고 그들과의 소통을 더욱 강화할 수 있는 자연적인 방법을 모색하여 견고한 생태계를 구축하는 일을 우선으로 해야 할 것 같습니다.

가까이 볼까?
밖에서 볼까?

 묻다

세계적인 경영학자 피터 드래커는 "지금으로부터 10분 후와 10년 후를 동시에 생각하라."고 말한 적이 있습니다. 마케터나 경영자에게 미래를 어떻게 준비할 것인지 가르치는 선문답 같은 지적이었습니다.

이렇듯 가까이도 멀리도 보지만 안과 밖을 보는 것도 중요합니다. 흔히 마케터가 먼 미래를 예상치 못하고 바로 앞에 닥친 상황만 고려하는 현상을 1975년 테오드르 레빗 하버드 교수는 〈하버드 비즈니스 리뷰〉 논문에서 마케팅 근시안(marking myopia)이라고 명명하였습니다.

마케터는 소비자는 대단한 것을 원하는 것이 아니라 사용하기 편리하고 필요한 제품만 찾는다고 착각하거나 인구가 늘고 소득수준이 늘면 시장이 확대되리라는 기대를 합니다. 또한 지나친 맹종이나 대체할 만한 경쟁제품이 없다는 이해하지 못하는, 일종의 믿음 같은 것을 가지게 됩니다.

먼저 마케팅 근시안과 본질이 어떻게 다른지 설명해주십시오.

Ⓐ 맹사부답하다

먼저 마케팅을 논하기 전 본질부터 접근하는 것이 옳다고 느껴집니다.

우리는 흔히 모든 상품은 반드시 진부해진다고 생각합니다. 제품에도 싸이클이 있어 쇠퇴기에 이르면 사라진다고 믿습니다. 그러나 놀랍게도 이렇게 자연사(自然死)하기보다는 경영실패가 주요인이라고 봅니다.

또한 혁신적인 제품은 고객의 원츠(wants)에 초점을 맞추어서 탄생한다는 것입니다. 예를 들어 편의점업계의 변화를 살펴보겠습니다.

편의점업계는 1990년부터 변화에 탄력을 받았습니다. 그 원인은 젊은 층 1~2인가구가 늘어나면서 이들의 취향에 부응했기 때문이라는 통계가 나와 있습니다.

편의점은 식료품, 일용잡화, 안전상비약, 의약외품 등 여러 종류의 제품을 취급하는데 근래에는 민원출력서비스(세븐일레븐), 활어회(CU), 세탁서비스(GS25), 특화형 주류, 금융서비스, 렌탈서비스, 세금수납서비스, 교통카드충전 등 타겟층이 원하는 서비스에 전력을 다하고 있습니다.

여기서 재미난 사실은 우리가 아는 혁신적인 제품은 시장조사로 태어나지 않는다는 사실입니다. 다만 시장조사는 고객선호도는 파악할 수 있지만 아직 존재하지 않는 제품의 원츠는 파악할 수 없습니다. 마케팅 근시안과 상반된 사례를 소개하면 한층 더 이해가 쉬워질 것입니다.

필자가 쓴 '이마트100호점의 숨겨진 비밀'에는 월마트의 한국 철수를 다루고 있습니다. 골리앗으로 비유된 월마트는 그들이 전가의 보도처럼 여겼던 언제나 낮은 가격(everyday low price)이 걸림돌이 될지 몰랐습니다.

가격이 싸면 아무리 매장이 멀고 품질이 다소 떨어져도 고객은 개의치 않을 것이란 오판을 했습니다. 더구나 외곽에 위치한 매장이나 높은 진열대 등도 한국 소비자의 마음을 돌리는 요인이었습니다. 현지화를 외면한 결과는 철수였습니다.

네이버가 단순한 포털을 넘어 지식인 플랫폼으로 야후를 추월한 사례라던가, 야구장과 테마파크를 경쟁자로 포지셔닝한 신세계스타필드, 미국의 철도산업이 1970년 다른 교통수단(트럭, 항공기)과의 경쟁없이 운송수단이라는 점만 믿고 안일하게 대응하다가 민간사업자에게 줄파산된 예도 가까이 바라보기보다는 좀 더 멀리 폭넓게 바라보아야 한다는 사실을 일깨워 주는 사례라

할 수 있습니다.

쇼핑카트 발명가 실반 골드먼은 오클라호마 시티에서 슈퍼마켓을 운영하고 있었습니다. 그가 가까이 다가가서 본 고객은 무거운 바구니를 들고 힘들어하고 있었습니다. 그래서 쇼핑카트를 고안하여 슈퍼마켓 내에 힘들지 않게 이동할 수 있도록 하였는데 예상외로 남성은 여성스럽다는 이유로, 여성은 유모차를 연상시킨다는 이유로 거부당하였습니다. 고심 끝에 바람잡이를 통해 매장 안에서 카트를 끌고 다니게 한 결과, 마침내 고객들이 거부감을 넘어 자연스럽게 받아들이게 되었습니다.

때론 마케팅 근시안을 통해 고객 행동 자체를 변화시키기도 하는데 관건은 고객에 대한 깊은 관찰입니다. 아울러 기업의 모든 활동을 고객의 눈으로 바라보는 아웃사이드 인 방식도 눈여겨보아야 합니다. 특히 4차 산업혁명시대에 시장의 변화를 제대로 읽어내고, 새로운 기술을 제대로 추가하기 위해서는 필연적인 방식입니다.

이를테면 내부 프로세스 효율성을 준거로 삼는 인사이드 아웃과 고객에서 출발하여 탁월한 성과를 올리는 아웃사이드 인 전략은 구분되어야 합니다. 전자의 경우가 디자인에 집착한 애플의 스티브 잡스라면 후자는 모든 업무를 고객관점에서 바라본 아마존이라 예시할 수 있습니다.

고객 강박증으로까지 여길 아마존의 제프 베이조스는 "가장 중요한 한 가지는 바로 집요하게 고객에게 집중하는 것이다. 우리 목표는 이 세상에서 가장 고객중심적인 회사가 되는 것이다."라고 정체성을 강조한 바 있습니다. 가까이 보든지 멀리 보든지 밖에서 보든지 이제 마케팅의 시각도 입체적으로 달라져야겠습니다.

교환할까?
전환할까?

 묻다

저희가 생각하는 마케팅의 개념은 고객과의 관계를 형성하고, 최상의 고객가치를 제공해 주며 기업경쟁력을 향상해 주는 것으로 알고 있습니다. 그중 마케팅의 핵심개념은 고객욕구, 시장, 가치, 마케팅믹스와 더불어 교환으로 구성되나 그중 교환은 핵심개념입니다.

말하자면 가치있는 제품이나 서비스를 얻기 위해 대가를 제공하고 획득하는 행위인 것이죠. 예를 들면 나이키운동화를 30만 원에 구매하였다면, 고객은 30만 원과 운동화를 교환하며 발이 편하다, 디자인이 예쁘다, 내구성이 좋다, 브랜드가 지명도 있다는 효용을 누리게 되는 것이지요. 3~4년 전 소리없는 변화를 시도하고 있는 스타벅스는 교환의 마케팅 핵심개념을 운용할까요? 아니면 다른 전환을 모색할까요? 스타벅스 저서를 2권 집필하신 사부님의 혜안을 얻고 싶습니다. 특히 2021년 출간된 '스타벅스의 미래'에서 사부님은 이미 스타벅스의 미래 그림을 그리고 계시지 않았나요?

A 맹사부답하다

 스타벅스는 2001년에 선불식 충전카드인 '스타벅스 카드'를 출시하였고 이는 말 그대로 일정금액을 카드에 충전하고 필요할 때 결제하는 방식으로 영업점에 거대한 현금이 쌓이게 되었습니다. 이때부터 스타벅스는 물건을 사고파는 교환의 개념에서 어느 정도 벗어난 것으로 보입니다.
 놀랍게도 매년 금융 CEO들은 신년사에서 스타벅스를 거론하며 이들의 존재를 '규제받지 않는 은행'으로 표현하기도 하였습니다.
 내부적으로는 '블록체인 기술은 스타벅스 통합앱의 기반이 될 수 있다'(하워드 슐츠)라며 군불을 살살 피우고 있고 벤처투자자들은 현금 아닌 비트코인으로 결제할 것이라는 예측안을 내놓기도 하였습니다. 혹시 이연수익(deferred revenue)이라는 용어를 아십니까? 이는 기프트 카드처럼 요금을 먼저 받고 나중에 수익으로 인식한다는 재무 용어입니다. 제가 '스타벅스의 미래'를 집필할 때, 스타벅스는 전년도 현금 보유액이 12억 달러, 우리 돈으로 약 1조 4000억 원을 보유하고 있었습니다. 이 액수는 미국의 웬만한 지방 은행의 보유량을 뛰어넘는 수준으로 '스타벅스 은행'도 가능하겠다는 금융계의 평가가 정설처럼 여겨졌습니다.(2025년부터 마이크로소프트, AT&T, 페이팔, 스타벅스, 쇼피파이, 버거킹 등 주요기업들이 암호화폐 결제를 도입했다고 한다.)

스타벅스의 예치와 간편결제 등을 금융회사의 기능과 동일한 것으로 간주하고 이것을 확장시켜 전 세계 어디서든지 하나의 앱으로 현지통화결재가 가능하다면 어떤 일이 벌어질까요?

1994년 당시 마이크로소프트의 빌 게이츠 회장은 '금융은 필요하지만 은행은 아니다'라고 말한 적이 있습니다. 지금 시점에서 돌이켜보면 얼마나 소름 끼치는 예언인지 모르겠습니다. '아마존뱅크', '메타(페이스북)뱅크', '스타벅스 뱅크'가 가능한 시대.

이들이 주장하는 은행의 미래가상시나리오(바젤은행감독위원회 보고서) 5가지 중 만일 이들 기업이나 핀테크 기업이 고객접점과 서비스 제공 양쪽을 지배한다면 은행이 파괴되는 급진적인 변화가 도래할 것이라 예상됩니다.

특히 블록체인 기술을 응용한 가상화폐는 기존 은행을 거치지 않고 사물의 가치를 이전할 수 있는 기술로 이 시나리오의 도화선이 될 수 있습니다.

다시 본론으로 돌아와 전쟁, 기후변화, 챗GPT산업의 경쟁, 지정학적 리스크, 세대갈등, 금융구조 변화, 국가간 패권경쟁 등 쓰나미 같은 변수에 기업은 단순한 교환의 기능보다는 비즈니스모델의 확장이나 혁신적인 전환을 모색할 것입니다.

향후 마케팅의 핵심기능인 교환에 머무를 것이냐 아니면 혁신수준의 전환을 할 것이냐에서 하나를 선택해야 하는 결정적 시기가 다가올 것이라는 것도 아울러 일러드립니다.

가치를 혁신할까?
혁신을 가치있게 할까?

----------  묻다 ----------

불황기가 오면 마케터나 CEO들은 기존의 마케팅 전략으로 고객에게 어필하거나 시장지배력을 확장하기 어렵다고 생각합니다. 그만큼 여러 변수가 발생하는데 그때마다 자주 거론되는 것이 가치혁신입니다. 가치혁신이란 경쟁하기보다는 경쟁없는 신시장을 개척하여 지속가능한 상태를 유지하는 것이라 생각합니다. 사부께서는 강연 중에 특히 가치와 혁신을 강조하시기로 유명한데, 이런 가치혁신의 사례와 전통적인 전략과 차이를 가르쳐주십시오.

---------- A 맹사부답하다 ----------

우리는 흔히 가치혁신기업의 예로 뮤지컬과 연극으로 서커스의 새로운 경지를 세운 '태양의 서커스'와 한때 승률보다는 컨텐츠 비지니스로 재미를 톡톡히 본 영국의 맨체스터구단, 베이직 케쥬얼의 유니클로, 그리고 조립식가구로 유니크한 경쟁력을 보유한 이케아를 예로 듭니다.

최근 이케아는 2025년 '쾌적한 수면'이라는 비전을 세우고 과학적인 방법으로 수면의 질을 개선할 수 있도록 메트리스와 소파베드는 물론 조명, 공기청정기, 홈스마트 서비스까지 연계한 '수면라인업'을 준비 중에 있다고 합니다.

환경적인 변수로 불면증을 겪는 인구가 늘어나면서 수면관련 시장은 2020년 598억 달러에서 2030년 1,119억 달러까지 두 배 이상 성장할 것이라 전망됩니다. 이 시장에 이케아는 도전장을 내놓았습니다.

과거 이케아는 조립식 가구에만 주력하여 메트리스나 토퍼(침대위에 올려 쓰는 얇은 메트리스)분야에서 두각을 나타내지 못한 것이 사실이었습니다. 이런 어려움을 극복하고 이케아의 가치를 혁신하기 위하여 쾌적한 숙면에 첨단기술을 접목한 '슬립테크' 시장에 진입한 것은 가치혁신의 업그레이드라 말할 수 있습니다.

또한 토퍼의 경우 수면 중 음직임이 적은 고객에게 적합하도록 만든 메모리폼 토퍼를, 자주 뒤척이며 자는 고객에게는 폴리우레탄 재질의 토퍼를 제공한다고 합니다. 메트리스의 경우 140kg 롤러로 50,000번 압력테스트를 한다고 하는데 이를 확대하여 조명, 온도, 공기, 소리까지 수면제품군 생태계를 만든다고 합니다.

그렇다면 전통적인 전략과 가치혁신은 어떻게 다를까요?

첫째, 가치혁신은 경쟁사를 의식하지 않고 고객에게 제공하는 가치를 획기적으로 창조합니다. 일본의 히트상품 최정상에 오른 초코잡이라는 무인헬스장이 있습니다. 이 헬스장은 기존 헬스장과 달리 운동복을 갈아입지 않고 지나가는 길에 잠깐씩 들러 틈틈이 운동할 수 있는 편의를 제공합니다. 24시간 아무 때나 이용할 수 있는 이 무인헬스장은 간단한 운동기구와 체성분 측정기, 여성고객을 위한 셀프제모기도 갖추고 있습니다.

둘째, 가치혁신은 전통적 전략과 달리 산업의 조건을 만들고 시장트렌드를 주도합니다. 예를 들면 퍼마일 자동차 보험은 주행거리만큼 보험료를 후불로 받으며 코로나19 관련 클럽메드는 여행자 보험을 제공하였습니다. 기존 보험업계의 관행을 꺾고 고객에게 편의를 주었다는 점에서 가치혁신의 면모를 보게됩니다.

셋째, 가치혁신은 제한없이 새로운 역량을 창조합니다. 우리에게 '흔들리지 않는 편안함'으로 유명한 시몬스침대는 최근 불에 타지 않는 난연 매트리스를 개발하였습니다. 이 제품의 런칭은 150년이 넘는 시몬스만의 창의적 기술과 이로 인한 역량의 결과라 말할 수 있습니다.

종종 컨설팅 중에 만난 경영자들이 묻는 질문 중에 공통적인 것은 '가치혁신의 원리는 무엇인가요?'라는 것입니다. 가치혁신의 원리는 단 두 가지, 원가절감과 품질차별화입니다. 아울러 고객관점에서의 가치혁신은 새로운 시장 창출과 비고객흡수, 가치의 획기적 변화 및 제공가치와 지불가격을 동일하게 하는 것입니다.

여기서 비고객이란 기업이 제공하는 가치를 구입하지 않는 고객으로, 이 고객은 상황에 따라 바뀔 수 있습니다. 또한 우유시장에서 소화불능이나 다이어트의 이유로 구매하지 않는 고객으로, 종종 시장에서 제공하는 가치를 거부하는 비고객이 있습니다.

마지막으로 면도기 시장에서 제외되었던 여성의 제모기같이 기업이 전혀 신경쓰지 않는 고객도 비고객이라 말합니다.

2등으로 포지셔닝할까?
영역을 바꿔 선점할까?

Q 묻다

불황기가 되면 1등 브랜드를 유지하기가 어려워집니다. 차라리 2등, 스포츠계에서 흔히 쓰는 언더독전략을 사용할까 하고 강한 유혹을 느낍니다.

아울러 펩시가 스포츠음료로 영역을 바꾸어 정상에 올랐듯이 다른 영역으로 전환할까 하는 생각으로 복잡해집니다.

A 맹사부답하다

제가 80년대 카피라이터로 있을 때 교과서처럼 예시를 들은 광고가 있습니다. 이 광고는 1962년 만년 2위 업체인 에이비스

렌터카로 "에이비스는 2등에 불과합니다. 그런데도 소비자들은 왜 우리를 찾을까요?"라는 광고였습니다.

통상 2위 업체의 경우 1등이 따로 있다는 사실을 감추고 자기 회사의 강점만 부각시키려고 합니다. 그러나 이 회사는 그렇지 않았습니다. 말하자면 정공법을 택했습니다. 사실 에이비스는 수년 농안 적자에 시달렸고 1등과는 비교도 안되게 점유율에 차이가 컸습니다.(경쟁자 허츠는 점유율 70%) 그럼에도 불구하고 자신들은 2등이며 그래서 더 열심히 한다는 진정성을 전달하였습니다. 이 광고 후 1963년 320만 달러 적자였던 에이비스는 1964년 120만 달러 흑자를 기록하였습니다.

그렇다면 2등은 어떻게 1등을 추격할 수 있을까요?

첫째, 1등을 인정하고 틈을 찾으면 됩니다. 1등을 따라하기보다 차별화된 가치를 만들고 독창적인 포지셔닝을 만들면 됩니다.

둘째, 세분화된 카테고리를 만들어 '다름'을 강조하십시오. 스타벅스는 기존 카페의 커피맛이나 가격보다 '제3의 공간'을 강조했습니다. 남성전용 저가미용실 '블루클럽'도 같은 맥락입니다.

셋째, 2등이어서 좋은 점을 말하면 됩니다. 앞서 언급한 에이비스 슬로건은 'We Try Harder'였습니다. 말하자면 2위임을 인정하고 2등이기 때문에 더 열심히 한다는 점을 호소하였습니다.

종종 영역을 바꾸어 도전해 보겠다는 경영자를 만납니다. 테슬라, 레드불, 애플같은 기업은 새로운 제품카테고리를 만들어 경쟁없는 시장을 선도하기도 하였습니다.

레드불의 경우 1980년 음료시장(탄산음료, 쥬스, 커피)에서 에너지와 집중력을 높이는 기능성 음료 즉, 새로운 에너지라는 새로운 카테고리를 창출했습니다. 아울러 고성능, 고급전기차라는 새로운 카테고리를 만든 테슬라, 태블릿시장을 개척한 애플이 있습니다.

알리스&잭트라우트가 지은 마케팅 명저 '마케팅불변의 법칙'으로 돌아가 그 영역의 법칙을 찾아봅시다.

"어느 영역에서 최초가 될 수 없다면 최초가 할 수 있는 새로운 영역을 개척하라."

영역의 법칙(The Low of Category)에는 두 가지 요소가 있습니다.

영역의 법칙(The Low of Category)

① 새 제품을 출시할 때 가장 먼저 자문해 보아야 할 질문은 "경쟁사 제품보다 어떤 점이 더 좋은가?"가 아니라 "어떤 점에서 최초인가"가 되어야 한다.

② 브랜드 지향의 전통적 마케팅을 버리고 영역에 대해 생각하라. 고객은 '무엇이 새로운가?'에 관심을 갖지 '무엇이 더 좋은가'에는 관심을 갖지 않는다.

저로서는 불황기 2등 전략이 부담을 낮추는 하나의 방편이라 생각합니다.

조금 더 시야를 멀리보는, 행보를 적극 권합니다.

공격할까?
방어할까?

 묻다

흔히들 마케팅상황을 전쟁에 비유합니다. 단어를 공통적으로 사용하기도 합니다. 전쟁에서 공격하고 수비하듯 공격적 마케팅과 방어적 마케팅을 수시로 결정해야 하는데 전자는 적극적으로 타사제품에 대한 자사제품을 비교 유도하는 전략이고, 후자는 그와 반대로 비교를 차단하는 전략이라고 알고 있습니다.

말하자면 리더는 방어적인 전략을 2, 3위 기업은 공격적인 전략을 구사할 것입니다. 맹사부께서 수십 년간 전쟁터 같은 시장(market)에서 전략을 운영해 오셨을텐데 이론적인 논리와 사례를 듣고 싶습니다.

맹사부답하다

먼저 마케팅상황을 전쟁의 관점에서 본다면 5가지 요소를 살펴볼 필요가 있습니다.

> ① **참가자(Player)**: 이번 전쟁에 누구를 상대하는가?
> ② **부가된 가치(Added value)**: 전쟁터에 가지고 나온 자원의 가치
> ③ **규칙(Rule)**: 승패를 가름하는 전쟁의 방식
> ④ **전술(Tactics)**: 전쟁의 규칙을 해석하여 방향을 설정
> ⑤ **범위(Scope)**: 전쟁의 경계, 전쟁의 의미규정

여기가 어떤 싸움터인지 구분하는 일이 우선입니다. 고객의 마음에 가장 먼저 선점하는 것이 무엇보다 소중합니다.

그리고 '누가 적인가'를 확인해야 하는데 여기는 추종자(Follower), 도전기업(challenger), 선두기업(Leader)으로 분류됩니다.

> **추종자**: 틈새시장 추구자(룰테이커)
> **도전기업**: 선두기업이나 기타기업에 싸울 태세를 갖춘 기업(룰브레이커)
> **선두기업**: 가장 많은 점유율을 가진 선두기업(룰메이커)

전쟁터를 확인하고 나면, 먼저 브랜드 관리와 고객 밀착 관리로 자사의 부가가치를 높입니다. 그리고 테슬라 모터스 초기 특허권 무료 전면 개방처럼 경쟁사차원의 부가가치를 낮추기도 합니다.

여기서 잊지 말아야 하는 것은 강한 회사가 더 큰 협상력을 갖고 1위 기업이 게임의 룰을 좌지우지할 수 있다는 것입니다. 아마존의 홀푸드마켓 인수가 적절한 비유입니다. 전쟁을 효율적으로 운용하기 위해서 잊지 말아야 하는 것은 전술은 힘을 이용한다는 것입니다. 말하자면 힘이 센 자가 이기는 것이 아니라 힘을 이용할 줄 아는 자가 이기는 것입니다.

통상 특정분야에서 2, 3위를 차지하고 기업은 공격적 마케팅의 원리를 연구해야 합니다.

첫째, 리더의 위치가 얼마나 강한지 살펴보아야 합니다.(제품/판매력/가격/유통)

둘째, 리더의 강점에서 약점을 찾아내어 공격합니다. 미국렌트카 시장 2위인 에이비스는 이런 광고 속에 메시지를 전하려 노력합니다.

"에이비스에서 빌리십시오. 우리 카운터의 줄은 짧습니다."

마지막으로 가능한 한 좁은 전선에서 공격해야 합니다.

공격방식에는 정면, 포위, 게릴라, 측면공격이 있습니다. 이중 게릴라마케팅은 짧은 기간에 효율적으로 쓰이는데 방어가 충분한 세분화 시장을 공격하고 신속히 도주하는 공격적인 전략입니다. 지리적 위치나 특정인구에 적합합니다.

다음, 방어적 마케팅의 원리는 오직 리더만이 방어하고 최선의 방어전략은 자신을 공격할 때 이루어집니다. 더불어 강력한 경쟁자의 공격을 항상 봉쇄하여야 한다는 것도 기억해야 합니다. 우리가 잘 아는 노키아와 애플, 코닥과 후지필름의 대결양상이 그렇습니다. 방어전략에는 상대방의 도발의사를 심리적으로 억제하는 억제방어(비인기 품목 끼워팔기), 면도기회사의 제모시장으로 진입하는 기동방어, 도브의 리얼뷰티 캠페인 같이 먼저 공격을 가하여 힘의 우위를 가하는 선제방어, 경쟁자의 공격이 가시화 될 때 예상되는 지점에 맞받아치는 역공방어가 있습니다.

끝으로 코크에 도전하는 펩시 챌린지처럼 전력강화를 위해 주요무대를 옮겨 반격을 준비하는 전략적 후퇴가 있습니다.

근대 군사학의 아버지 카를 폰 클라우제는 전쟁의 속성을 지칭하는 이런 어록을 남겨 놓았습니다. "전쟁은 정말 카멜레온 같다. 전쟁은 각각의 구체적인 경우마다 자신의 특성을 조금씩 바꾸기 때문이다."

이기는 전술이라면 아래서 위로 방향을 잡아야하며 단일 지점과 반격을 계산하는 주도면밀함이 있어야 합니다.

2012년 필자의 저서 '이기는 기업' 서문에는 이런 내용의 글이 실려있습니다.

"~중략) 그들의 빛나는 성공에만 취해서는 안된다. 그 속에는 결코 놓쳐서는 안될 핵심요소가 있다. 그것은 남들이 외면하거나 거들떠보지 않은 '아직 발견하지 않은' 곳을 찾아 갔고, 그곳에서 신대륙을 만들어 냈다는 사실이다.

앞선 기업들의 꼬리를 따라 가는 것이 아니라 힘들고 고되지만 자신만의 블루오션을 찾아갈 용기가 있고 위기를 기회로 삼았기에 그들의 가치는 더욱 빛나고 그들의 미래는 더욱 희망적이다."

유일함을 강조할까?
차별화를 우선시할까?

Q 묻다

제품자체가 유일하거나 특별히 시장에서 차별화된다면 불황기는 저희에게 큰 기회를 몰아줄지 모릅니다. 기술적이나 서비스와 제품, 기업문화 등 여러 상황을 분석하여도 유일한 부분은 없는 것 같고 차별화만이 브랜드포지셔닝이 가능할 것 같습니다. 사부님이 생각하시는 전략 중에 두 요소에 대해 설명해 주십시오.

A 맹사부답하다

카피라이터 시절, 저는 전략부분에 많은 관심을 가졌습니다.

그때 롤스로이스 광고가 제 눈에 띄였습니다.

〈시속 60마일로 달리는 롤스로이스 안에서 가장 큰 소음은 전자시계입니다〉-롤스로이스 광고 헤드라인

이 광고는 당시 자동차의 '소음'이라는 새로운 컨셉을 끄집어내어 성공한 케이스입니다. 이 전략을 USP(Unique Selling Proposition) 전략이라고 합니다. 용어는 한 마디로 기업고유의 소구점, 독특한 판매제안이라는 뜻입니다. 이 전략 안에는 차별화와 더불어, 소비자들에게 어떤 독특한 가치를 제공하는지 두 가지 의미를 포함하고 있습니다.

따라서 유니크한 소구점을 찾기 위해서는 기업의 강점과 경쟁우위를 명확하게 파악해야 합니다. 여기서 한 가지 짚어야 할 것은 마케팅은 인식(perception)의 싸움이라는 것입니다. 우리는 M&M 초코렛이 손에 녹지 않고 입에 녹는다는 것을 압니다. 이미 지나간 제품이지만 폴라로이드 카메라는 즉석에서 사진을 뽑았습니다.

혁신적인 신제품 런칭이나 기존제품 성능개선때 이 전략에 의한 광고, 마케팅으로 경쟁사보다 더 나은 버전업을 가능케 했습니다. 그렇다면 독특한 판매제안을 하려면 어떻게 해야 할까요? 먼저 고객의 니즈를 분석해야 합니다. 예를 들면 고객이 원하는 것이 무엇인지, 어떤 문제를 해결하려도 하는지 파악하는 것이 무엇보다 중요합니다.

제품의 selling point(소구점)를 친환경으로 설정한 파타고니아

는 브랜드 철학과 스토리를 위해 '이 재킷을 사지마세요'라는 독특한 슬로건을 내세웠습니다. 이는 소비자들이 옷을 적게 사야 의류산업 폐기물이 적어진다는 유니크한 접근이었습니다.

둘째, 경쟁제품과의 차별성을 분석해야 합니다. 경쟁제품의 강점과 약점, 차별화를 분석하면 우리 브랜드의 나아갈 방향과 위치가 설정됩니다. 그리고 우리 제품이 가진 유일한 장점을 찾습니다. 결국 고객에게 실질적인 가치를 제공하고 제품의 핵심 기능이나 서비스품질을 명확히 전달하는 커뮤니케이션 활동을 해야 합니다.

예를 들어 테슬라는 '전기차의 성능과 혁신성'을 내세워 친환경적이고 새로운 디자인에 혁신을 원하는 고객의 니즈를 충족시키고 있습니다.

기술적인 혁명도 중요하지만 집토끼 제품을 바라보는 통찰력을 키우라고 말씀드리고 싶습니다. 세븐업은 'Un-Cola' 캠페인을 통해 단기간 내에 소다수 1위를 차지했습니다. 만일 이들이 코카콜라와 경쟁했다면 어떤 결과가 나왔을까요?

월마트를 벤치마킹할까?
아마존처럼 경영할까?

Q 묻다

아무래도 마케터나 경영자에게 모범적인 사례는 월마트와 아마존일 것입니다. 물론 두 회사는 놀라울 만한 성장을 기록하여 벤치마킹하기에도 힘이 들 정도입니다. 최근 두 회사의 혁신적인 변화와 디지털전환에 대해 묻고 싶습니다.

A 맹사부답하다

먼저 우리와 잠시나마 인연이 있었던 월마트에 대해 고찰해 보겠습니다. 일단 월마트는 '싸다(Low Price)'라는 경쟁력으로 전 세계 유통의 공룡으로 자리잡았습니다. 이들이 국내에 진입할 때도 무려 30%나 싸게 파는 이벤트로 시작하였습니다. 월마트가 성장한 이유로 끊임없는 물류시스템과 투자가 뒷받침한 것도 빼놓을 수 없습니다. 지금은 일반화되었지만 상품을 창고나 배송센터를 거치지 않고 곧바로 점포로 보내는 경로와 바코드시스템, 판매시점 관리 체제(pos), 스캐너 발주 시스템, 다양한 전자상거래 기술, 최고의 바잉파워, 인공위성을 이용한 최첨단 물류 정보시스템 등 월마트만이 보유한 강점은 하나 둘이 아니었습니다. 그러나 이들에게 디지털시대의 강자가 나타났습니다. 바로 아마존이었습니다. 아마존이 온라인 쇼핑에 역점을 두었다면 오프라인 월마트 매장은 구시대 유물로 보일 위기에 처했습니다.

그러나 월마트는 멸종위기의 공룡이 아니었습니다. 창고 노동자에서 글로벌 CEO가 된 월마트의 전설 더그 맥밀런은 월마트의 변화의 중심에 서서 월마트의 새로운 방향성을 제시하고 혁신을 이끌었습니다. 이를테면 온라인 채널확장을 시작으로 매장과 디지털을 연계한 A.I기업으로 거듭남은 물론, 광고와 핀테크 사업으로 사업영역을 확장하였습니다.

우선 미국 전역의 4,700여 개 매장을 거점으로 디지털과 A.I를 연계하였으며 전통적인 소매업 강자에서 토탈 A.I 전략을 통해 파괴적 혁신의 강자로 등장했습니다. 이를테면 고객데이터 분석을 통해 수요를 예측하고 구매시간을 최소화 했을 뿐만 아니라 소형로봇을 물류센터에 투입해 자동화를 구현하였습니다. 이 밖에 자율주행 트럭과 월마트의 트레이드마크가 된 IOT박스(스마트폰에서 저장물관리 가능)로 고객의 혁신적인 편의를 도모하고 있습니다, 아울러 월마트는 건강, 금융 등 업종의 경계선을 넘은 새로운 플랫폼기업으로 도약하고 있습니다.

만일 월마트 경영진이 자신의 주특기인 오프라인 매장을 버리고 아마존과 온라인경쟁을 했다면 어떤 결과가 나타났을까요?

아마존의 제프 베이조스의 퇴임사는 이러했습니다. "항상 발명하십시오. 처음에는 그 생각이 말도 안되는 미친 아이디어 같아도 절망하지 마십시오. 헤매야 한다는 것을 잊지 마세요. 호기심이 여러분의 나침반이 되어줄 것입니다. 항상 첫날(Day1)이 되게 해줄 것입니다."

아마존은 스타트업의 신화라해도 과언이 아닙니다. 1994년 설립하여 초기 음반 DVD유통망 구축, 2000년대에 들어 오픈 마켓인 아마존프라임, 아마존웹서비스, 킨들을 연이어 출시하며 디지털 콘텐츠 시장을 석권하였으며, 홀푸드마켓과 민간우주항공사업에도 진출하며 급격한 성장을 이어 왔습니다. 아마존 성장의 핵심인 플라이휠(Flywheel)은 차치하더라도 이를 분석해 보면 4가지 아마존만의 역량을 접할 수가 있습니다.

> ① 아마존은 데이터를 가지고 있다.
> ② 아마존은 오프라인 매장(홀푸드마켓, 아마존북스)을 가지고 있다.
> ③ 아마존은 위기 속에 사업다각화를 시도했다.(2001년 닷컴버블 시 주가 90%하락)
> ④ 일관성있게 미래를 예측하고 투자하였다.

그들은 아마존드(Amazoned: 아마존에 의해 파괴되다)라 불리울 정도로 전방위적 비즈니스모델을 구사했으며 개인별 맞춤 추천기능, 원클릭 결제시스템 등 특화된 기술과 사업분야로 성장을 이어갔습니다. 또 하나 순익은 제로라도 혁신을 통해 시장을 잠식하는 시장지배자전략은 오늘날 아마존의 기초가 되어 주었습니다. 이렇게 되기까지 고객과 가치를 중시하고 데이터 기반과 종이신문 워싱턴포스트를 웹과 모바일 앱 중심의 IT기업으로 전환한 것은 아마존만이 할 수 있는 놀라운 일입니다.

투자의 달인 워렌 버핏은 "제프 베이조스는 두 개의 사업을 동시에, 그리고 경쟁사들과 직접 경쟁하면서 사실상 리더가 되어 사업을 재정의하고 거대 비즈니스영역에서 성공하였다"고 격찬하였습니다. 월마트와 아마존 두 혁신 기업의 특징은 시대적 흐름에 적극 동조하여 선도기업으로서의 포지셔닝을 확보하기 위하여 최선의 노력을 다했다는 점입니다.

감성을 읽을까?
진정성에 초점을 맞출까?

 묻다

고객들이 스타벅스에 가면 향기, 맛, 기분, 정서, 음악, 색깔, 디자인, 이미지 등 마케팅 방식과 인간의 오감(시각, 후각, 청각, 미각, 촉각)으로 인해 단순한 커피를 마신다고 생각하지 않습니다. 따라서 아무리 A.I시대라 해도 감성마케팅은 존재할 것이라 여겨집니다.

또한 요즘 소비자들은 이미지보다 팩트와 진정성을 요구합니다. 어떻게 하면 까다로운 소비자들에게 어필할 수 있을까요?

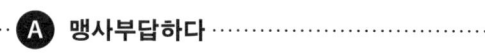 맹사부답하다

과거에는 편리함과 기능을 어필하여 판매를 촉진하였다면 현재는 가치나 메시지, 감동을 필요로 합니다. 이를테면 바쁜 일상 속에 사는 현대인에게 메마른 감성을 달래줄 새로운 자극 말이지요.

마케터들은 뜻과 취미 등 소비자 정서에 영향을 주는 감성적 동인을 찾습니다. 아울러 브랜드와 소비자 사이에 유대관계가 돈독할 뿐더러 차별화된 이미지를 통해 소비자의 충성도를 강화시킵니다. 예를 들면 반려동물을 가족처럼 생각하는 사람들을 팻팸족이라 부르는 경우입니다. 단어 하나에 흐르는 감성은 다른 설명이 필요없겠지요.

그렇다면 구매에서 감정이 결정적인 요인이 되는 이유는 무엇일까요? 감정은 구매행동 이전에 사고싶다는 욕망을 자극하며, 제품에 기대하는 좋은 감정이 욕망이 되는 순간 잇템(it item: 꼭 필요하게 갖고 싶은 아이템)이 되기도 합니다.

흔히들 마케팅 전문가들은 브랜드에 만족하는 소비자보다 감정적으로 강하게 연결된 소비자가 더 가치있다고 말하곤 합니다.(감정연결지수)

감성은 3가지 소비형태로 이어지는데 예를 들면 휴양지 체험 같은 경험소비, 인스타그램에서 느끼는 소속감, 자존감, 자아실현 소비, 동질감 같은 감성소비가 있습니다.

기부금 모집시 먼저 시간을 요청한 후 기부금액을 받으면 마음이 훨씬 감정적이어서 기부금액이 상승되는 관계소비도 감성

소비라고 할 수 있습니다.

우리가 흔히 목격하는 교보문고의 따듯한 글귀라던가, 2009년 미국의 자동차 유지가 어려운 고객을 위해 되사주는 '현대어슈어런스' 프로그램 같은 경우, 도브의 리얼뷰티 캠페인 등도 따지고 보면 경험 속에 감성이 되살아나게 매몰한 것입니다. 그래서 〈감성마케팅〉의 저자 스콧 로비넷은 경험이라는 것은 기업과 소비자가 감각적 자극, 정보, 감성을 교환하는 접점의 집합이라고 하였습니다.

진정성도 마찬가지입니다. 최근 가슴에 와닿는 탄생스토리가 있거나 자신만의 철학, 사회적 이슈에 반응하거나 유머와 공감, 차별화된 개성있는 브랜드들이 소비자의 신뢰를 받고 있습니다. 그렇다면 왜 진정성 전략이 각광을 받을까요?

첫째, 쇼셜미디어가 사회 관계유지의 핵심 채널로 부상하여 구매과정의 정보량이 증대할 뿐 아니라 기존 광고의 불신을 극복하였기 때문입니다. 과거 소비자들은 불안전한 정보와 제한된 대안 속에 구매의사를 결정하는 전통적 전제조건이 상존해 있었습니다.

둘째, 진정성 전략을 구사하면 상품정보와 실제 속성이 일치할 때 얻어지는 가치를 획득할 수 있습니다.

최근 동물실험을 하지 않는 러쉬같은 제품들이 고객으로부터 깊은 신뢰감을 받고 있습니다. 다시 말해 인위적 요소가 배제된 천연소재 제품, 경제적 이득을 넘어선 대의를 추구하는 제품, 브랜드와 연관된 이미지를 진짜처럼 완벽히 구현하는 제품들이 선택받고 있다는 것입니다. 물론 품질 좋고 가격 좋은 굿 프로덕트나 개성과 철학이 있는 굿 컴퍼니도 진정성 하나로 소비자들로부터 각광을 받고 있습니다. 진정성과 감성이 하나가 된다면 이것만한 경쟁력있는 컨셉의 제품이 또 있을까요?

대중적으로 갈까?
개인화로 접근할까?

Q 묻다

넷플릭스 자동 추천 서비스처럼 어떻게 하면 개인화 마케팅이 가능할까요?

A 맹사부답하다

2024년 최고의 디지털 경험은 3가지였습니다. 첫째, 고객여정이 처음부터 끝까지 모든 채널에서 매끄럽고 일관되게 개인화된 경험을 제공했습니다.

둘째, 소비자의 80%는 다양한 채널에서 일관된 경험을, 70%는 개인화된 제품 추천을 중요하게 생각합니다.

마지막으로 자신의 일정에 맞춘 커뮤니케이션을 선호합니다.

결국 고객은 매끄럽고 일관된 맞춤형 경험을 원하고 있다고 보여집니다. 역시 디지털 경험은 개인화라고 볼 수 있지요.

개인화 마케팅은 개별소비자의 요구, 선호도, 행동 및 기타 특성을 기반으로 데이터 분석 및 기술적 수단을 통해 각 소비자에게 맞춤형 마케팅콘텐츠, 제품 또는 서비스를 제공하는 마케팅 전략입니다.

따라서 개인화(Personalization)는 단순한 선택이 아닌 현대 비즈니스에서 성공을 좌우하는 혁신전략입니다. 고객들은 점점 더 자신만의 맞춤형경험을 기대하며 이런 기대는 브랜드와 기업이 고객과 관계를 형성하는 방식에 큰 변화를 가져왔습니다.

개인화의 대표적인 사례로 넷플릭스와 아마존을 들 수 있습니다. 넷플릭스는 고객이 신청한 데이터를 분석해 고객취향에 맞는 새로운 작품을 추천합니다. 개개인의 프로필을 만들어 자신이 원하는 콘텐츠를 쉽게 발견할 수 있게 하여 만족도가 높습니다. 아마존도 마찬가지로 고객의 구매이력을 기반으로 관련제품을 추천하는데 이는 고객의 추가 구매를 유도하고 쇼핑경험을 더욱 편리하고 즐겁게 합니다.(비지니스에서 개인화를 활용하는 5가지 방법/cody9924블로그/2025.01.31)

그렇다면 기업과 고객의 입장에서 개인화는 어떤 이점을 줄까요?

기업의 입장에서는 적은 비용으로 높은 구매율을 달성하고 신규고객 유입의 효과가 있으며, 고객입장에서는 다수를 위한 매스 머천다이징과 달리 취향에 맞는 제품을 추천함으로 디지털 경험이 개선되고 본인도 인지하지 못한 니즈 충족으로 긍정적인 반응을 보일 수 있습니다. 여기에 개인화 마케팅이 부각된 것은 코로나 확산방지를 위한 사회적 거리두기 장기화와 모바일 네이티브 MZ세대의 주요 소비자로의 등극입니다. 이밖에 인공지능, 빅데이터, 실시간 서비스 등에 의한 확장성이라 말할 수 있습니다.

특히 MZ세대가 개인화 마케팅에 눈을 돌리게 된 이유를 살펴보면 개인화 마케팅이 향후 고객의 신뢰뿐 아니라 장기적인 관계를 맺을 것이라는 점을 어렵지 않게 추측할수 있습니다. MZ세대는 모바일 네이티브 세대로 다양성을 인정받고 자란 세대이므로 획일화된 제품보다 차별화되고 독특한 상품에 주목하는 경향이 있습니다. 또한 2022년 트렌드 중의 하나였던 나노세대는 MZ세대의 초개인화 마케팅으로 마케터의 96%가 개인화 마케팅에 투자하거나 증액할 계획을 가지고 있는 것으로 알려졌습니다. 그들이 추구하는 지향점은 세렌디피티(Serendipity: 뜻밖의 발견)라고 할 수 있습니다.

최근 개인화 마케팅을 뛰어넘어 초개인화 마케팅이 등장하였습니다. 이는 통계적 자료 또는 군집분석의 수준을 넘어 개개인의 검색패턴, 표정, 건강상태 등을 통해 잠재적 니즈를 정교하게 파악한 뒤 서비스를 제공하는 마케팅 기법을 가리킵니다. 나보다 나를 더 잘 아는 기업이 등장하겠지요.

 아마존 전 CEO 제프 베이조스는 "우리는 고객을 파티에 초대받은 손님이라고 생각한다. 파티의 주최자인 우리가 고객에게 초개인화된 경험을 제공하기 위해 데이터와 기술을 끊임없이 개선해 나가야 된다."고 역설하였습니다.

구독할까?
공유할까?

 묻다

공유산업은 현대사회에서 빠르게 성장하고 있는 산업입니다. 이 모델은 개인이나 기업이 자원을 공유하고 서비스를 제공함으로써 경제적 이익을 창출합니다. 그러나 위워크나, 에어비앤비등의 사례에서 보듯 공유경제는 공급자의 실패로 어려움을 겪었습니다. 이를테면 공급자의 실패란 부족한 서비스 품질, 불충분한 관리, 적절하지 않은 가격책정입니다. 적절한 비유로 보기에 그렇지만 2018년 렌터카 서비스 타다의 경우 기존 택시와의 법정 분쟁으로 비화되기도 하였습니다.

그래서 공유경제를 겪은 후 사람들은 구독경제에 관심을 갖게 되었습니다. 일정한 금액을 지불하면 필요한 상품이나 서비스를 공급자가 계속 공급하는 유통방식이 구독경제라고 알고 있습니다. 미국 경제지 포브스는 "수백 년 넘은 소유개념을 해체하며 새로운 경제 활동을 만들고 있다. 물건을 소비하는 방식을 소유에서 가입으로 바꾸고 있다"고 하였습니다. 분명 마케터의 관점으로도 구매한 만큼 지불하는 소유경제에서 사용한 만큼 지불하는 공유경제, 결국 일정액만 지불하는 구독경제로 그 흐름이 전환되고 있습니다. 맹사부님이 보시는 구독경제와 흐름은 어떤 것입니까?

A 맹사부답하다

일단 구독서비스의 출현은 '언제 어디서든 콘텐츠를 즐겨라'라는 명목하에 출현하였습니다. 이 개념은 소비자가 기업에 회원가입 및 구독을 하면 정기적으로 원하는 상품을 배송받거나 필요한 서비스를 언제든지 이용할 수 있는 신개념 경제 모델입니다. 구독경제의 출현 배경에는 디지털기술의 발달로 콘텐츠의 종류와 양이 폭발적으로 증가함에 있고 고객진화의 프레임에 있습니다. 과거엔 고객은 컨슈머(시장점유율), 프로슈머(생산참여,고객점유율), 스마트슈머(O2O마케팅), 큐레이슈머(개발참여,구독)로 발전하였으며 이는 소유, 공유, 구독경제의 흐름으로 변화한 것입니다. 더불어 제레미 리프킨이 자신의 책 〈소유의 종말〉에서 말하듯 세상은 소유의 시대를 넘어 접속과 이용의 시대로 접어들었습니다.

공유경제와 비교하여 구독경제를 들여다보면 구독경제만의 특징이 있습니다.

구독경제는 소비와 소유욕구 사이에서 소비자의 다양한 취향을 만족시킵니다. 한마디로 콘텐츠를 반복하기 보다는 다양한 콘텐츠를 한번씩 즐기게 하여줍니다. 가끔 마케터로부터 전통비지니스와 구독 경제의 차이는 무엇이며 누구에게 효율적이냐는 질문을 받습니다.

먼저 전통 비지니스는 히트상품을 많이 판매해 마진을 높이는 데 목적이 있는데 반해 구독경제는 특정고객의 수요를 바탕으로 가치있는 서비스를 판매합니다. 뉘앙스로 보면 전자는 상품을 중심으로한 불특정다수에 주안점을 두고 있으며, 후자는 특정고객이라는 타겟에 머물러 있습니다.

구독경제를 논하기 전 효용이론에 대해 알아보겠습니다. 효용이론이란 제한된 자원과 비용으로 최대한 만족을 얻는다는 이론입니다. 구독경제를 고객과 기업으로 구분하여 이 이론을 대입해 보면 고객에게는 복잡한 상품검색과 의사결정의 비용을 최소화하며 일상의 재미와 만족감을 높여준다는 이역이 있습니다. 또한 기업에는 안정된 장기결제와 충성고객을 확보하며 고객이 선호하는 상품과 서비스등의 데이터를 추적 수집해 준다는 이익이 있습니다. 좀더 자세히 들여다보면 구독경제에도 세 가지 경영모델이 있습니다.

첫째 정기배송 모델입니다. 예로 들면 월 4만 원대부터 시작되는 위클리셔츠는 다림질한 흰 셔츠를 정기적으로 공급하고 수거해 줍니다.

둘째, 무제한 이용배달입니다. 월구독료를 납부하면 무제한 또는 정해진 횟수만큼 상품 및 서비스를 이용합니다. 통상 각종 영화와 드라마, 오리지널 콘텐츠를 감상할 넷플릭스나 음원서비스가 여기에 해당합니다.

마지막으로 고가품 장기렌탈 모델입니다. 월구독료를 납부하면 고가품의 모델을 바꿔가며 다양하게 이용할 수 있습니다. 이를테면 현대자동차에서 실행되었던 현대셀렉션(일정의 구독료를 지불하면 주행제한 없이 3개 차종을 교체 사용할 수 있는 프로그램), 그밖에 명품가방 및 의류가 여기에 해당되는 예입니다.

여기서 한 가지 주목해야 할 것은 구독경제의 모델은 명확하게 소비자의 가치를 인정해 주는 포인트, 즉 차별화된 서비스와 소비자가 지불할수 있는 적정한 수준의 요금책정이 핵심입니다. 따라서 고객과의 관계를 유지하면서 구매로 전환시키는 마케팅 방식을 사용하라는 것입니다.

구독경제용어의 창시자 티엔 쥐의 말은 그래서 구독경제의 본질을 들여다보게 됩니다. "전 세계가 긴밀하게 연결되면 될수록 더 많은 소비자가 물건보다 서비스를 구입하게 될 것이다."

내부고객이 먼저일까?
외부고객이 먼저일까?

Q 묻다

불황기가 되면 경영자나 마케터는 고객가치에 대해 한번 더 생각합니다. 아울러 직원으로 대변되는 내부고객과 이로 인한 외부고객에 대한 영향력을 점검하게 됩니다. 특히 기업성공의 핵심인 내부마케팅의 차별화에 대해 말씀해 주십시오.

A 맹사부답하다

첫 질문인 고객가치를 높이는 방법에 대해 말씀드리고자 합니다. 먼저 부가서비스, 고객지원체계, 접촉용이성, 친절 등 고객서비스의 차별화입니다. 더불어 고객가치를 높이는 방법 중 하나는 질적변화(품질,불량발생률), 가격저하(재고비용,물류운영비용,재판매비용), 배달시간 단축(판매적시성,주문 및 배송시간,상품개발싸이클 타임)입니다. 예를 들면 아마존은 고객의 Lifetime을 책임지고 일본 유명서점인 츠타야는 Lifestyle을 제안합니다. 이렇듯 가치시점으로 보면 가치를 생산하는 내부고객이 있으며 조직에서 생산된 최종가치를 이용하는 최종고객과 외부고객이 있습니다. 물론 이 사이에 가치를 전달하고 조직활동을 돕는 가치전달고객, 기업이 있습니다.

좀더 내, 외부고객을 분류하여 설명하면 제품이나 서비스를 기획, 제조, 유통, 판매하는 내부고객과 마케팅과 영업의 직접적인 대상 외부고객이라 하겠습니다. 전자를 위해서는 경영조직을 활성화하고 내부의 만족도를 높여주어야 합니다.

물론 자사의 제품과 서비스는 향상되어야 합니다. 왜 기업이 내부조직에 그토록 역량을 기울이냐하면 내부고객은 실제로 현장에서 소비자를 만날뿐 아니라 내부고객을 만족시키지 못하면 외부고객을 만족시킬수 없기 때문입니다. 직원들의 즐거운 감정은 자연스럽게 고객에게 전달되고 고객도 비슷한 행복감을 느끼게 되기 때문입니다.

이를 위해서는 직원들의 태도와 고객지향적 서비스에 대한 동기관리 등의 태도관리를 강화하고 관리자는 직원에 대한 태도 및 변화관리를 해야 합니다. 또한 관리자, 행정직들이 내부와 외부고객들에게 서비스를 제공하는데 필요한 정보를 상호 교환하는 의사소통관리의 중요성은 아무리 강조해도 지나침이 없습니다.

그렇다면 내부마케팅은 어떻게 차별화할까요? 우선 상품과 고유성을 내부고객에게 알리고 인정받아야 합니다. 아울러 브랜드의 정체성에 대한 이해와 공감을 유도합니다.

미국 아웃도어 전문브랜드 레이(REI)는 일과 생활의 균형을 실천하는 최고의 기업이었습니다. 그들은 놀랍게도 연중 최대 매출일인 블랙프라이데이에 150개 매장과 온라인 쇼핑몰을 폐장합니다. 그리고 직원들에게 자신이 가장 좋아하는 야외활동을 즐기거나 영감을 주는 새로운 장소를 발굴하는 날로 야호 데이(Yay Day)를 설정하여 유급휴가를 줍니다. 이는 전 직원에게 '쇼핑대신 자연속에서 여유롭게 시간을 즐기라'는 기업메시지를 전달하는 것입니다.

이밖에 반려동물에게 가족수당을 지급하는 영국화장품 러쉬(LUSH)와 신입사원에게 '어디에서도 할 수 없는 엄청나게 의미 있는 일을 하는 곳에 온 것을 환영한다'는 편지를 보내는 애플의 예가 있습니다.

디즈니랜드의 내부고객 성공사례 노하우를 알려드리겠습니다. 디즈니랜드에 가면 직원들은 사진촬영, 길안내 등등, 어떤 질문에도 미소로 답합니다. 이들은 고객은 언제든 옳다는 생각을 바탕으로 행동합니다. 아울러 내부고객을 체험하기 위해 임원들은 1년에 한 번씩 팝콘과 티켓을 판매합니다. 사원을 고객으로 간주하므로 해고는 전혀 없으며 전근을 원칙으로 합니다. 여기서 저는 디즈니만의 용어에 놀라움을 금치 못했습니다. 그들의 언어는 다음과 같습니다.

> **고객**(guest): 전 직원이 주인
> **놀이시설**(attaction): 끌림, 매력
> **청원경찰**(security): 안전 안내자
> **운전기사**(transportation host): 운전 안내자
> **식당주인**(food and beverage host): 음식점 주인
> **전 직원**(Cast member): 사원이 작업을 수행하는 것을 무대에서 공연한다고 부름

디즈니랜드에서는 종업원들의 마음속에 헌신하고자 하는 각오, 자기존중감, 일에 대한 긍지, 끊임없는 도전 의식, 프로정신 고취 등을 찾아 볼 수 있다고 합니다. 이렇게 훈련받은 직원들로부터 우러나오는 서비스는 얼마나 차별적일까요?

사우스웨스트 항공창업자 허브 캘러허는 내부마케팅의 소중함에 대해 이렇게 말했습니다.

"우리의 성공핵심은 경쟁자가 모방하기 가장 어렵다는 것이다. 물질적인 것은 누구나 구매할 수 있다. 그러나 살 수 없는 것이 있다. 회사에 대한 몰입, 헌신, 충성이다. 이것으로 무장한 직원들은 십자군 전쟁에 참여한 군인과 같다. 서비스 본질의 차이는

기계나 사물에 있지 않다. 정신, 마음, 영혼에 있다."

  우리는 종종 우주왕복선 챌린저호의 폭발사고와 소니의 부서 간 시너지 없는 기술력 쇠퇴를 통해 내부마케팅이 기업의 흥망성쇄를 결정 짓는 중요한 요인이라고 배웠습니다. 그래서 "오늘도 고객을 만족시킬 것인가? 직장상사를 만족시킬것인가?"하는 시소게임을 하고 있는 중입니다.

빅블러 현상에 머무를것인가?
혁신적인 방법으로 대응할 것인가?

 묻다

　빅블러(Big Blur)는 여러 측면에서 동시다발적인 힘이 작용하여 생산자와 소비자, 기업별 규모, 가상 세계와 현실세계, 각종 서비스 분야를 중심으로 서로의 경계가 급속하게 허물어지는 현상을 말합니다. 마케터나 경영자의 입장에서 산업경계가 무너지는 것은 불안하고 충격적입니다. 일례로 금융사의 경우 진입장벽을 넘어 통신이나 신용평가, 부동산 등의 타 영역으로 진출하고 있으며, 쿠팡의 경우 드라마, 영화 등 콘텐츠를 시청할수 있는 OTT서비스에 진입하였습니다. 아마존, 테슬라, 애플, 카카오, 네이버도 마찬가지겠지요. 맹사부께서 바라보는 혁신적인 대응법은 무엇입니까?

A 맹사부답하다

이런 현상이 난무하는데 팔짱끼고 바라볼 수는 없겠지요. 향후 미래 산업에는 예상치 못한 경쟁자들이 지속적으로 등장하는 초 경쟁시대가 도래할 것이며 이종업체간의 빅블러 현상(산업 경계붕괴)으로 경쟁이 심화될 것입니다. 핵심기술이 완성품 제조사를 지배하는 자동차업계의 변화도 주목할 만하겠지요.

먼저 빅블러 현상이 다가오면 소비자에게 다른 형태로 가치를 전달하고 기업 산업전반을 와해시키는 경계밖 경쟁자를 주시합니다. 더불어 디지털 기술을 가치사슬에 접목하여 전사적인 혁신활동을 고취합니다. 생산을 최적화하거나 제품을 지능화하며, 신규 비즈니스모델 설정과 서비스를 고도화합니다.

여기서 한 가지 주의해야 할 것은 원천기술을 높여 융합의 핵심기술로 부상시키는 일입니다. "통합되는 지점을 찾아내고 그 주변의 핵심기술을 찾아내는 것을 아주 좋아한다"는 애플의 CEO 팀 쿡의 이 말은 시사하는 바가 큽니다.

자 그러면 빅블러현상의 대응 전략을 살펴보기로 하겠습니다.

빅블러현상의 대응 전략

① **치환, 지금까지 A였던 것이 B로 바뀐다.**
자동차산업의 경우 엔진과 사람이 사라지고 완전히 다른 관점,

즉 자율주행차가 등장한다.(내연기관의 100년된 자동차 패러다임 변화)

② 생략, 지금까지 있었던 것이 없어져 버린다.
애플은 '집에 있는 음원 라이브러리를 전부 가지고 다닌다'는 혁명적 발상으로 시장을 독점하였다.

③ 묶기, 둘 이상의 기업이었던 사업이나 제품이 하나가 된다.
폴로라이드는 카메라와 인화가 하나로 결합된 카메라이다.

④ 선택지 확대, 구매자를 강하게 유인한다.
마이크로소프트는 사무용 소프트웨어 오피스를 판매했지만 구글은 '구글문서도구'(Google Docs)를 인터넷 상에서 무료로 제공하고 광고를 통해 수익모델의 선택지를 확대한다.(매출의 99%가 광고)

⑤ 추가, 시장확대의 단초로 삼는다.
온라인 유통기업인 쿠팡은 음식배달서비스 '쿠팡이츠'와 OTT서비스 '쿠팡플레이'출시하였다.

불황기, 고수할까요?
전환(pivot)할까요?

---------- **Q** 묻다 ----------

최근 스타트업이나 중소기업과 대기업들은 시장 반응에 의해 사업방향을 전환합니다. 이를 피봇이라 하는데 과연 어느 시기에 피봇해야 합니까? 꼭 피봇전략을 활용해야 하나요?

---------- **A** 맹사부답하다 ----------

개념을 살펴보면 피봇이란 사업이나 서비스 방향을 과감히 바꾼다는 것을 의미합니다.(blog/피봇뜻 예시를 통해 이해하기,뜻풀이 교실/2025.01.23.)

부연하여 설명을 드리자면 피봇은 기업이 초기 설정한 사업목표나 서비스 방향에서 새로운 전략으로 전환하는 행위를 말합니다. 이는 실패를 극복하거나 새로운 기회를 발견하기 위해 자주 활용하는 전략입니다.

일례로 코로나 봉쇄조치 후 동남아에 기반을 둔 모빌리티기업 그랩(Grab)은 동남아 6개국의 택시서비스를 중지하고 배달서비스 체제로 전환한 사례가 있습니다. 그렇다면 어떤 경우에 피봇이 작동될까요?

첫째, 시장 반응이 예상과 다를 때입니다. 이때 기업은 더 나은 시장 접근 방법을 찾을 수 있습니다.

둘째, 새로운 기회를 발견할 때입니다. 기존 사업모델에서 예상치 못한 성장가능성을 변경하여 새로운 시장에 접근하는 것도 효과적입니다.

셋째, 기술의 급격한 발전, 규제변화, 또는 경쟁사의 등장으로 인해 기존사업이 더 이상 경쟁력을 유지하기 어려울 때 피봇을 활용합니다.

특히 불황기에 피봇은 시장과 전략의 분야에서 활약을 합니다. 이를 시장피봇, 전략피봇이라 명명하는데 전자는 보다 넓은 범위의 외부요인과 관련, 주요 목표시장에 본질적인 변화를 몰고 오는 것입니다.(가치창출, 사업설계, 성장엔진로봇) 캐나다 에어노스(Air North)항공은 코로나 시기에 일반 소비자에게 기내식 배달서비스를 실시하였는데 이는 시장피봇으로 적절한 예입니다.

후자의 경우는 기업의 핵심제품이나 서비스를 바꾸는 개념으로 온라인비디오 플랫폼에서 유저들이 원하는 동영상을 올리는 플랫폼으로 전환한 유튜브가 바로 전략피봇입니다.

우리가 잘아는 제록스도 복사기 제조판매사로써 높은 가격으로 경영의 위기를 맞았으나 렌탈서비스로 극적 회생하였습니다. 그러나 피봇을 하기전 염두에 두어야 하는 요소가 있습니다. 바로 고객입니다. 일단 고객주도적 변화현상에 초점을 두고 고개관점에서 추진해야 합니다. 아울러 한 산업의 파괴주범은 신생기업이 아니라 바로 고객이라는 인식을 하여야 합니다.

방관자를 끌어들일 것인가?
파면할 것인가?

 묻다

때로는 조직에 있어 '옆에서 보고만 있는 사람'이라는 뜻의 방관자는 리더의 입장에서 갈등을 느끼는 존재입니다. 조직에는 20-30-50의 법칙이 있는데 이를 풀어보면 지지자 20%, 반대자 30%, 찬성도 반대도 안하는 사람이 50%라고 합니다. 이 방관자를 펜스-시터(Fence-sitter), 즉 담장에 앉아 있는 사람으로도 호칭한다고 합니다.

방관자에게는 어떤 유형이 있으며 대응책은 어떤 것들이 있는지 사례와 더불어 설명해 주십시오.

 맹사부답하다

혹여 방관자효과(Bystander Effect)라는 용어를 들어 보신 적이 있을까요? 이는 직급과 관계없이 전 직급에 발생한다고 하는데 기본적으로 침묵을 무기로 조직내 어떤 일과도 엮이기를 싫어하며 필요 이상으로 개입하는 것을 강력히 거부하는 현상이라고 합니다.

경계해야 할 방관자에게는 4가지 유형이 있는데 대응책까지 함께 알아보기로 합시다.

첫째, 무기력 방관자입니다. 이들은 조직에 대한 관심이 낮고 행동이 소극적입니다. 한마디로 오래 묵은 매너리즘이 무기력을 습관으로 만들고 좌절을 경험한 후 무방비 상태로 소외됩니다. 이들에겐 새로운 경험으로 조직생활을 환기시키며 조직에 대한 기대와 몰입을 유도하여 동기부여를 제공해야합니다. 새로운 이슈를 제시하여 의사결정에 참여시키는 것도 좋은 방법입니다.

둘째, 친조직형 방관자입니다. 무기력 방관자보다 이런 유형은 조직에 순종하고 저항이나 도전 없이 묵묵히 업무에 순종합니다. 지나치게 절제하고 침묵하며 결정적인 순간에 말을 아끼는 것이 흠인데 이로 인해 오류나 위험한 상황이 발생할 수도 있습니다.

대응책으로는 자신의 목소리를 내도록 설득하며 이를 위한 안전한, 문화적인 제도적 장치를 마련해 줍니다.

셋째, 철부지형 방관자입니다. 본래 이들은 방관자가 아니었는데 어떤 계기로 방관자로 변질된 사람들입니다. 피해의식이 강하고 조직이 원하지 않는 행동만 합니다. 실제로 조직을 떠나지 않으면서 자신의 불만을 강하게 드러낸다는 점에서 주목해야 합니다. 처방으로는 따듯한 햇볕정책을 써야 합니다. 사과와 설득을 병행하고 조직으로 회귀할 명분과 각종차원의 지원으로 배려해 주는 것입니다.

마지막으로 방관자 중 가장 위험한, 조직차원에서 개입해야할 배신자형 방관자가 있습니다. 이들은 조직에 대한 분노와 조직에 피해를 주고자 하는 의도가 다분합니다.

조직변화에 대해 민감하게 반응하고 매사에 불만과 반대를 표출합니다. 일종의 트러블메이커로 불필요한 갈등과 불안감을 조성합니다. 한마디로 조직차원에서 사실이 입증되면 법적대응도 불사하고 적절한 꼬리짜르기와 피해를 최소화 하는 강경책을 써야 합니다.

결론은 방관자를 내치기보다는 조직내 적극참여자로 만드는 유연한 스킬이 어디 없나 탐색하라는 것입니다. 그것은 목표와 열정을 결합하여 방향을 설정하여 주거나 잠재력을 이끌어 내어 권한을 위임하는 방법을 채택하는 것입니다.

이밖에 유능한 인재를 위한 교육과 훈련, 경쟁적 우위를 위한 전사적 지원도 고려해 볼만합니다.

2009년 영국에서 방영되고 미국CBS에서 리메이크한 리얼리티 프로그램 '언더커버보스'가 방영되었습니다. 내용은 대기업의 CEO가 조직 내에 일반 종업원, 사원등 말단직원으로 분장하고 그들 속에 들어가 희로애락을 함께 겪는 공감형 프로그램이었습니다. 이 프로그램은 방관자를 탐색하고 긍정적으로 지원하는 내용으로 높은 시청율을 기록하였습니다.

1981년부터 2001년까지 20여 년 동안 미국 굴지의 제조업체인 제너럴 일렉트릭(General Electric)의 회장을 역임했던 잭 웰치(Jack Welch)는 방관자를 방관하는 기업인들에게 따끔한 조언을 합니다. "나는 모든 기업이 직원 한 사람 한 사람의 마음을 끄는 방법을 찾아내야 한다고 생각한다. 항상 모든 사람을 더 가치있는 존재로 변화시킬 생각을 않는다면 여러분에게 기회가 없다."

그는 방관자를 그대로 방치하지 않았습니다. 방관자를 리더로 양성하는 G.E의 워크타운미팅을 개설하였는데 이는 즉결식 팀 문제 해결회의체로 반드시 개선하거나 고쳐야할 사항을 주제로 선정하여 주제와 관련한 임직원이 모여 토론하고 실행 가능한 개선책을 의사결정자에게 제시하도록 한 프로그램입니다.

마지막으로 의사결정자는 개선대책을 토론장소에서 즉시 결정하여 실행에 옮기도록 하였습니다. 이런 훈련은 관료주의를 제거하고 모든 구성원에게 주인의식과 열정을 심어주었습니다.

아울러 창조적인 잠재력과 아이디어를 실행하여 '열린학습문화'를 구축하고 정보와 아이디어는 조직전체와 공유하는 방법도 시도하였습니다.

　누가 방관자입니까? 그들을 리더로 양성하시겠습니까? 손절하시겠습니까? 그것은 기업을 운영하는 여러분의 선택에 달려 있습니다.

3여 년 동안
마케팅인사이트(Marketing Insight)에
쉼없이 컬럼을 썼다.
평범한 주제는 싫고 제목대로 통찰력 듬뿍…

컬럼을 쓸 때마다
빠른 세상과 혁신의 뒷발자국을 쫓는
자신에 대해 좌절과 회복을 반복하다.

"

3부

컨텐츠, 찢다 (CEO&컬럼)

맹사부, 작(作)하다

데이터, 마켓에서 일내다

우리는 흔히 인터넷에서 검색, 작성, 저장하며 즐긴다. 이렇게 모인 방대하고 생성주기가 짧은 데이터를 빅데이터라고 한다.

2009년 데이터의 효율성을 경험한 사건이 있었다. 당시 구글은 독감이라는 단어가 검색되는 것을 기반으로 독감예방 수준을 예측해 서비스를 시행했다. 그 결과 구글은 미국 질병 통제예방센터보다 일찍 독감바이러스 확산을 예측해 데이터의 위력을 내외에 과시하였다. 데이터에는 단순히 수집된 빅데이터가 있는 반면에 이렇게 수집된 데이터에서 의미있는 정보를 추출해 조직에서 바로 분석하고 활용할 수 있는 스마트데이터가 있다. 스마트데이터는 실제 가치를 창출할 수 있는 양질의 데이터로 마켓에서 중요한 변수로 작용하는데 여기에는 데이터의 정확성과 실행 가능성, 신속함(Agile) 등의 요소를 갖춰야 한다.

한동안 노키아에서는 저렴한 스마트폰 개발전략을 수립한 적이 있었다. 하지만 인류학자들이 예리한 눈으로 관찰한 결과 저소득층도 월급보다 비싼 아이폰을 구매할 의사가 강하다는 것을 발견해 노키아 본사에 재고를 요청했다. 그러나 불행히도 노키아 경영진은 인류학자들의 의견과 정반대인 빅데이터의 결과를 채택해 실패의 쓴잔을 마셨다.

인도의 자동차 생산업체인 타타는 저소득층을 위한 국민차 생산에 돌입했다. 에어컨과 라디오를 없애고 수동변속기를 달아 타타나노를 개발하며 250만 원(한화)의 저렴한 가격으로 판매했다. 그러나 타타나노는 2008년 출시 후 1년에 한 자리수 판매율을 기록, 결국 2018년에 단종됐다.

이처럼 데이터는 보는 관점과 운영방법에 따라 예측하지 못한 결과를 만들어내기도 한다. 과연 데이터를 운영하면서 어떤 팩트와 교훈에 집중해야 될까?

첫째, 소비자는 숫자가 아니라 일상을 더 중시한다는 사실이다. 따라서 소비자가 어떤 맥락 안에서 존재하는지를 총체적으로 살펴야 한다. CU편의점에 가면 270ml 요구르트가 있다. 기존 60~150ml보다 용량을 크게 늘린 것이다. 이는 수년간 요구르트 구매층의 빅데이터를 분석한 결과를 반영한 조치였다. 주요 구매층이 예상외로 10대(10%)가 아닌 20~30대(30%) 젊은 여성이었고, 평소 60ml를 다량으로 구매해 한꺼번에 마시는 사례가 많았다는 점을 파악한 것이다.

둘째, 관련 데이터를 분석하면 소비자의 깊은 이해가 가능해지고 이를 바탕으로 제품 및 서비스, 미래를 예측하는 데 큰 도움을 얻는다. 일례로 넷플릭스는 1997년 비디오 대여점으로 시작해 현재 전 세계 190개 지역에 영상스트리밍 서비스를 제공해 매년 수조 원의 수익을 창출하는 초글로벌 기업이 됐다. 이런 결과에는 고객이 매긴 별점을 바탕으로 영화를 추천하는 '시네매치'라는 추천 알고리즘의 공이 크다. 그러나 좀 더 들여다보면 오늘날 넷플릭스의 공신은 주말 몰아보기(Binge Watching)였다. 이미 넷플릭스는 빅데이터를 통해 이용자들이 어느 시간대에 어느 간격을 두고 어떤 콘텐츠를 보기 원하는지 알고 있었다.

셋째, 소비자는 혜택과 편의성만을 추구하지 않고 합리적이지 않다는 것이다. 소비자는 때때로 제품의 품질이나 가치보다는 브랜드의 이미지에 더 초점을 맞추며 할인상품을 불필요하게 구매하기도 한다. 최근 마케팅 트렌드는 '팬덤마케팅'이 우세한데 이 역시 '고객만족'이라는 합리성을 상실한 지 오래다. 상세페이지보다 리뷰 수를 더 중요하게 생각한다든지 상품정보 중심의 이성적 마케팅보다 경험, 즐거움, 자부심 등의 요소로 구매하는 패턴도 같은 맥락으로 이해할 수 있다. 이렇듯 데이터가 마켓에서 예상 밖의 일을 내는 보기 드문 현상이 곳곳에서 일어나고 있는 중이다.

캐즘(Chasm)인가?
마케팅 트렌드인가?

글로벌 전기차 1위 테슬라의 올해 성장 속도가 작년보다 느려질 수 있다는 경고음이 울리고 있다. 이미 '제2의 테슬라'로 불리는 미국 전기차업체 리비안과 루시드는 주가가 급락했으며 인원 감축 등 어두운 전망이 잇달아 나오고 있다. 이를 두고 전문가들은 초기 시장에서 주류 시장으로 진입하는 과정에서 일시적으로 수요가 정체되거나 후퇴하는 캐즘(chasm)이라고 보는 시각도 있고, 다른 호사가들은 어차피 혁신기술이 넘어야 할 절벽이나 트렌드라고 주장하기도 한다. 거침이 없던 전기차의 판매 행진에 왜 제동이 걸렸을까? 그 이유는 충전하기에 불편하고 비싼 가격과 화재와 추위에 취약한 배터리 등의 문제가 대두됐기 때문이다.

지난해 강추위에 전기차 방전 대란을 목격한 일부 소비자들은 내연기관으로 돌아가거나 하이브리드로 구매 방향을 틀었다. 특히 하이브리드를 양산했던 일본의 도요타의 약진은 괄목할 만한 사건이다. 도요타는 지난해 4조 5000억엔(40조원)의 순익을 기록했는데 이는 하이브리드 차량 판매(340만대)가 폭증한 결과다.

도요타는 1997년 세계 최초 양산 모델 도요타프리우스를 런칭했다. 100년간 석유산업의 성장과 기계공학의 진보로 시장에서 밀려나 100년간 잠들어 있는 하이브리드 기술을 깨운 쾌거였다. 이런 추세를 눈여겨 본 내연차 종주국 독일은 충전식 배터리와 내연 엔진을 함께 넣은 '프러그인 하이브리드' 모델로 힘겹게 추격하고 있지만 아직 역부족이라는 것이 업계의 냉혹한 평가다. 문제는 이 추세가 과연 얼마나 오래 가겠느냐는 것이다.

'사람들이 깨어나 이제야 현실을 보고 있다'고 말한 도요타 회장의 호언처럼 전기차의 질주를 멈추고 자신만의 경쟁력을 갖출 것인지, 아니면 캐즘의 절벽을 넘어 테슬라 시즌2를 맞이할지는 아직 속단하기는 이를 것 같다.

캐즘의 4단계를 살펴보면 판단에 도움이 될 것 같다. 캐즘의 1단계는 기술이 완전히 검증되지 않은 단계로 혁신성을 중시하는 얼리어댑터가 주요 소비자다. 2단계는 실용주의자의 단계로 시장 단절을 뛰어넘어야 하는 시기이며, 3단계는 실용주의자와 대중들도 소비에 참여하여 기술의 혁신성을 검증할 시기로 여겨진다. 마지막 4단계는 기술에 대한 수요를 유지하면서 더 나은 가치와 비용절감을 추구하는 시기로 새로운 기술이 시장에 완전히 안착된 시기로 본다.

따라서 캐즘을 극복하려면 타깃층을 선정해 집중해야 한다. 예를 들어 다운로드 사이트를 발전시켜 캐즘에서 탈출한 MP3의 경우처럼 혁신 제품과 연계한 인프라를 구축하는 것이 바람직하다(초기 혁신자 그룹). 마지막으로 표준화에 민감한 다수 수용자를 위해 업그레이드가 편리한 안정적인 표준화 전략도 구상해 볼만하다.

우린 이미 아이튠즈 생태계를 함께 제공하면서 생존한 아이폰이나 종이책 시장에 도전장을 내어 성공한 e-Book의 사례에서 캐즘 극복의 실사례를 봤다. 전기차 역시 캐즘을 극복하고 새로운 시장을 열 것이라 조심스레 전망해본다. 이런 현상은 하나의 트렌드로 가벼이 볼 일이 아니기 때문이다.

불황기, 해자를 구축하라

투자의 귀재 워런 버핏은 특출난 기술이나 브랜드 파워 등에서 확실한 우위를 점한 기업을 주로 '기업의 해자'나 '경제적 해자'라고 표현한다. 해자란 중세시대에 공격자가 성벽에 도달하는 것을 방지하기 위해 성 또는 요새 주변을 물로 채운 깊고 넓은 참호다. 불황기에는 기업의 위기극복을 위해 아래와 같은 일곱 가지 해자를 구축해야 한다.

1. 브랜드 해자

경쟁상대가 될만한 강력한 브랜드의 등장 가능성이 매우 작은 경우다. 시장을 선점해 대표브랜드로 자리매김한 경우로 코카콜라나 애플처럼 최초 상기도(특정 제품군을 떠올릴 때 가장 먼저 생각나는 정도)가 높다.

2. 교체(전환) 해자

고객이 경쟁제품이나 서비스로 갈아타기 어렵거나 과정이 번거로운 경우다. 일례로 마이크로소프트의 소프트웨어인 마이크로오피스가 있으며 경제적 용어로는 '자물쇠 효과'라고 일컫는다.

3. 네트워크 효과

사용자가 접근하려는 네트워크를 독점적으로 제공하는 경우다. 다른 서비스로 갈아타는 것 자체는 어렵지 않지만 그럴 경우 기존 네트워크에 접근성을 잃는다.

4. 비용 우위 해자

특별한 생산 방법과 판매 방법 등이 같은 업종의 다른 기업과 차별화돼 낮은 비용으로 생산과 판매가 가능할 때를 비용 우위 해자라고 한다.

5. 비밀 해자

기업이 재산적 성질을 가진 비밀을 보유해 다른 기업의 모방을 방지하는 경우로 특허나 영업 비밀, 지적 재산 등 종류가 다양하다. 1886년 출시된 코카콜라의 제조법은 어느 경쟁사도 모방할 수 없는 기업 비밀의 대표적인 사례다.

6. 가격 해자

제품 및 서비스를 경쟁사보다 저렴하게 만들고 제공할 수 있는 저비용 공급자의 경우로 아마존이나 코스트코가 대표적인 예다.

7. 효율적 규모 해자

기업이 속한 비즈니스 세계가 안정된 과점規모로 서로 이윤을 나눠 배분하며 신규 기업이 시장에 진입할 때 이익을 포기하고 경쟁해야 하는 상황이 발생하므로 섣불리 진입하지 않는다.

기업의 해자가 불황기 극복에 동력이 되는 이유는 아래 세 기업의 사례로 더욱 명확하게 결론지을 수 있다. 애플의 IOS는 사용자 경험을 기반으로 빠져나갈 수 없는 생태계를 만들었다. 구글의 유튜브와 검색엔진은 코로나 금리 인상, 경기침체가 몰려와도 넘지 못할 독점적 위치에 서 있다. 즉 기업적 해자를 변함없이 보여주고 있다. 향후 모든 소프트웨어에 챗GPT를 접목해 독과점 체제를 구축하려는 마이크로소프트사의 혁신적인 시도도 결국 기업의 해자를 통해 불황기를 극복하려는 글로벌 IT 기업의 고육지책(苦肉之策)임이 분명하다.

생존을 위한 체질 개선, 이렇게 하라!

최근 삼성전자는 사업 포트폴리오 재정비에 나서는 모습이다. 말하자면 돈 안되는 영역은 과감히 접겠다는 의도이다. 삼성전자의 현주소를 살펴보면 이들의 체질개선 속도전이 이해할 만하다. 그동안 부동의 1위였던 메모리 반도체 부문은 인공지능이 불러온 고대역폭메모리(HBM)에서 SK하이닉스에 밀리고 있고, 생활가전사업부는 LG전자의 아성을 깨지 못하고 있을 뿐더러, 자신 있던 스마트폰 시장도 중국의 맹추격에 위태로운 상황이다. 그렇다면 체질개선은 어떻게 해야 할까? 하버드대 존 쿼터 교수는 "불황기에는 전사적으로 마케팅 중심의 체질로 개선하라"는 조언과 함께 "서두르지 말고 단계적으로 과정을 고치라"고 강조한다.

제 1단계에서는 위기감을 충분히 고조시키라고 말한다. 먼저 변화를 강요하는 것이 얼마나 어려운 일인지 인식하고 문제를 공개적으로 표출해 위기감을 조성하라는 것이다. 예를 들면 새로운 경쟁위기, 위협적인 신기술 등장, 고객 취향의 변화, 전쟁, 질병 등이다.

2단계에서는 강력한 혁신주도 그룹을 창출하라는 것이다. 기존의 위계 틀에서 벗어나야 하며 위기의식과 목표의식을 공유함과 동시에 자유롭고 공개적인 내부 토론이 가능해야 한다.

3단계는 비전을 제시해야 한다. 즉 추진체 그룹이 고객과 주주, 직원들이 쉽게 접근할 수 있는 미래 청사진을 개발해야 한다. 초기에는 비전이 애매할 수 있지만 추진세력이 가동되고 어느 정도 시간이 흐르면 철저한 분석과 미래의 꿈이 결합해 달성해야 할 전략이 개발된다. 단, 비전은 5분 이내에 설명할 수 있도록 단순한 게 좋다.

4단계는 커뮤니케이션 할 수 있는 환경을 조성해야 한다. 모든 변화에는 크고 작은 희생이 따르기 마련인데 구성원들은 회사가 추구하는 변화가 유익하더라도 달성이 어렵다고 판단되면 희생하려고 하지 않는다. 비전을 상징화하는 시도가 바람직하다.

5단계에서는 본격적으로 동참자를 확대하고 장애가 있으면 적극적으로 제거해야 한다고 권고한다. 변화를 거부하고 비전에 역행하는 간부들은 제거해야 할 대상이다.

6단계는 단기적인 이 단계에 이르면 성과에 대한 포상과 개혁과정에 대해 용기를 주고 신뢰를 높여야 한다. 이때 단기적 목표

성취에 압박을 가하면 긴박감을 줄 수 있다는 것을 잊어서는 안 된다. 아울러 변혁의 대장정 중에 가시적인 성과를 보여줄 수 있는 단기적인 목표를 수립하고 성과를 입증시켜줘야 한다.

7단계에서는 성급하게 승리를 선언하지 말라고 단언한다. 변화가 기업문화 속에 깊은 뿌리를 내리기까지 5~10년의 과정이 필요하다. 성과를 자축하는 것은 좋지만 조그마한 성과를 빌미로 성급하게 체질개선의 성공을 선언하면 실패를 자초할 수 있다.

마지막으로 기업문화에 뿌리를 내려야 한다는 점을 강조한다. 변화는 기업의 혈액에 스며들어 일상의 습성으로 자리잡아야 한다. 조직원들에게 새로운 접근법, 새로운 태도, 새로운 행동이 어떻게 성과를 향상시키는 지를 보여주는 게 좋다.

국적 항공사(National flag carrier)는 절대 망하지 않는다는 신앙에 가까운 사고방식에 빠져 있던 JAL의 도산과 이를 회생시키기 위해 뛰어든 교세라의 이나모리 회장의 기업체질개선 사례는 우리에게 시사하는 바가 크다. 그는 아메바 경영과 이타심 철학으로 기업체질개선에 돌입해 2년 만에 회생이라는 성과를 거뒀다. 이를테면 채산 부문 조직을 5~10명으로 세분화해 독립 채산제로 운영했으며 전 사원 모두가 경영에 참여하도록 했다. 지금 우리 기업에는 체질개선을 위한 덧셈의 기업인이 어느 때보다 절실하다.

예측에서 배우는
기막힌 반면교사

　미래학자 최윤식은 '통찰의 기술' 4가지 범주에서 미래를 유의미하게 분류해 놓았다. 첫째 미래는 논리적으로 제법 그럴듯하게 갖춘 미래요, 또 하나의 미래는 확률적으로 일리가 있는 타당한 미래이다.(통계에 의존하는 경향 농후) 아울러 폭발적인 이슈가 있지만 발생확률이 낮은 임의의 미래도 있는데 규범이나 비전에 따라 선호하는 미래처럼 미래를 예측하여 위기를 관리하고 앞선 시장을 선도하기도 한다.

　미래를 얘기하다 보면 예측이라는 단어의 조합을 상상하기도 하는데 지금에 와서 생각하면 어이없는 예측이 우리를 실소하게 한다.

① 1876년에는 전화보다 메시지를 인편으로 전달해 주는 메시지 소년을 더 좋아했다. 이 시기에 전화는 실험적인, 한마디로 못 믿을 대상이었다.

② 1889년 에디슨은 교류로 장난치는 것은 낭비라 보았다. 니콜라스 테슬라의 교류주장은 받아들이기 힘든 사실이었는데 놀라운 것은 역사의 승자는 교류시스템이었다는 사실이다.

③ 1903년 말(馬)은 사라지지 않고 오히려 자동차는 일시적 유행이라고 보았다. 그러나 이 해에 자동차산업의 모태가 된 포드사가 창립됐으며 그 후 포드모델 T가 미국 전체 시장의 반을 차지했다.

④ 1966년 원격쇼핑은 충분히 가능하기는 하지만, 머지 않아 실패할 것이라고 보았다.

⑤ 1961년 미국에서는 더 나은 전화, 전신, 텔레비전 또는 라디오 서비스를 위해 인공위성이 쓰일 가능성은 거의 없다는 생각이 지배적이었다.

⑥ 1981년 휴대전화는 절대 유선전화를 대체하지 못할 것이라는 의견이 지배적이었다. 그 원인으로는 최초로 상용 휴대전화도 출시되지 않았고 관련 네트워크도 구축 중이었다는 점을 들었다.

⑦ 1995년 인터넷은 곧 정점에 달하고 1996년부터는 붕괴되리라 보았다.

⑧ 2005년 유튜브엔 보고 싶은 영상이 많지 않을 것이며 다음 해엔 애플이 휴대폰을 만들지 않을 것이라고, 아이폰의 추락을 예측했다.

여기 이 잘못된 예측에서 우리는 한 가지 교훈을 얻는다.

먼저 예측을 하기까지 어떤 인과관계가 있는지 꼼꼼히 살펴보아야한다는 것이다. 아울러 발생할 가능성이라든지 발생확률, 그리고 예측된 사건이 미치는 영향력을 가늠해 보는 것이 오류를 줄이는 길이라 조언해 주고 싶다.

리더는 어떻게
좋은 결정을 내리는가?

나는 리더의 결정을 한 마디로 비유하라고 하면 '야간운전'에 비유합니다. 야간 운전의 시야는 헤드라이트가 비추는 앞면 일부이고. 나머지는 사각지대가 됩니다. 그렇다고 운전을 포기할 수는 없습니다. 보이는 것만으로 판단하여 조심스럽게 운행을 해야합니다.

우리에게 결정을 내리기 위해 사용되는 정보는 완벽하지 않습니다. 단지 희망사항일 뿐입니다. 그렇다면 훌륭한 결정을 위해서는 어떤 리더십이 필요할까요?

첫째, 선택지를 늘릴 것인지, 줄일 것인지 결정해야 합니다. 이 질문에 답이 되는 흥미로운 실험이 있습니다.

마크 레퍼와 쉬나 아이엔거 교수는 미국 대형마트에서 A테이블에는 6종류의 잼을 B테이블에는 24개 종류의 잼을 놓고 실험에 들어갔습니다. 결론은 발걸음을 멈춘 다수는 B테이블이 많았지만 구매율은 A테이블쪽이 많았습니다. 한 마디로 선택지가 많으면 오히려 만족도가 떨어질 뿐아니라 올바른 결정이 어렵다는 사실을 시사해 주고 있습니다.

둘째, 개인의 경험을 확대 해석하지 않는 것이 좋습니다.(선택적 지각오류) 이는 객관적인 사실을 인정하지 않고, 검증되지 않은 주변정보나 개인적인 경험에 의지하려는 주관적인 판단을 배제하라는 것입니다. 자신의 경험을 신뢰하기 보다는 전문가의 통찰력, 객관적인 통계지표나 수치, 트렌드등 참고할 요소가 돌아보면 주변에 참으로 많습니다.

셋째, 눈에 보이는 것만 신뢰하는 관행에서 벗어나십시오. 관점의 고착화라든지, 근시안, 과거 정보패턴에 머무르지 말라는 얘기입니다. 물리쿼터 키보드를 주장했던 블랙베리가 아이폰의 터치스크린의 등장으로 파산한 예는 위의 설명을 더욱 명확하게 해줍니다.

넷째, 결정은 타이밍입니다. 작금의 세상은 선택과 결정의 타이밍이 성공과 부를 가져다 주는 세상입니다. 요는 당장 할 것인가 미룰 것인가 입니다.

중국 화웨이 연구진에 의하면 사람은 하루에 약 3만 5천 번의 판단을 하는데 대부분이 무의식적인 판단이며 의식적인 판단은 1%에 불과하답니다. 따라서 리더가 할 수 있는 것은 결정과정이고(결과가 아님) 그 뒤에 이어지는 것은 운에 맡겨야 하는 한계가 있습니다. 통상 우리는 처음 듣는 정보에 좌우되기 마련입니다.

행동경제학인 대니얼 카너먼 교수의 에베레스트산 해발고도에 대한 2가지 질문은 최초의 제시된 기준점에 우리가 얼마나 휘둘리는지 잘 설명해 주고 있습니다. 첫째 질문은 "에베레스트산이 600m보다 높을까요?" 이 질문에 답변자는 평균치를 2,400m로 답했습니다. 다음 질문은 "에베레스트산이 1만 4,000m보다 낮을까요?" 답변자의 평균치는 1만 3,000m였습니다. 이것은 무엇을 얘기해 주고 있을까요? 결국 최초에 제시된 기준점에 따라 답이 달라진다는 점입니다. 따라서 첫 정보에 마음을 두지 말고 가능한 한 많은 정보를 받아보고 전체적인 윤곽을 잡는 것이 좋습니다.

마지막으로 결정을 내리기 전 아닌 것을 잘라낼 논리, 즉 판단 기준과 다양한 대안을 모색하십시오.(결정의 라틴어 어원은 '잘라내기') 경영이 어려워질수록 불황기 더 나아가 침체기가 오면 리더의 결정은 더 어려워집니다. '어린왕자'의 작가 생떽쥐베리는 좋은 결정에 대해 이렇게 조언해 주고 있습니다.

"만일 당신이 배를 만들고 싶다면 사람들을 불러모아 목재를 가져오게 하고, 일을 지시하며, 일감을 나눠주는 등의 일을 하지 마라! 대신, 그들에게 저 넓고 끝없는 바다에 대한 동경심을 키워줘라."

뷰카시대,
복잡성을 제거하라

요즘 불황기 시대를 '뷰카시대'라고 한다. 뷰카(VUCA)란 변화의 속도가 빠르고 다양하게 전개되는 변동성(Volitity), 변수가 많아 예측이 어려운 불확실성(Uncertainty), 서로 영향을 미치며 적용하는 복잡성(Complexity), 현상에 대한 전례가 없어서 판별하고 해석하는 것이 더욱 어려워지는 모호성(Ambiguity)을 말한다. 지금은 사회와 경제의 불확실성을 나타내는 용어로 쓰인다.

그럼 뷰카의 특징은 무엇인가?
첫째, 과거 경험만으로는 새로운 문제를 해결하기 어렵다는 것이다. 이제는 새로운 시도와 더불어 혁신이 필요한 때이다. 둘째, 속도가 빠르고 변동이 크기 때문에 변화의 상태와 결과가 매우 복잡하다. 마지막으로 셋째는 기업조직 구성 또한 유연성과 민

첩성을 선호해야 한다.

이 가운데 조직에 비정상적이거나 불필요한 영향을 미치는 복잡성을 제거해야 한다는 점이 중요하다. 복잡성에 대해 재미있는 사례가 있다. 제2차 세계대전이 한창이던 1944년, 미 중앙정보국 CIA의 전신인 OSS는 어떻게 하면 적진에 진입한 스파이가 적국 조직의 생산성을 떨어뜨려 연합군에 기여할 수 있는지에 대한 안내 소책자를 배포했다. 2008년 기밀해제된 OSS의 내부 공작 활동 지침서는 이렇다.

① 모든 일을 정해진 경로나 창구를 통해 진행하자고 고집할 것.
② 의사결정을 단축하기 위한 어떤 방법도 용납하지 말 것.
③ 지시를 내리는 절차나 방식을 늘릴 것.
④ 한 사람이 충분히 승인할 수 있는 사안도 세 사람 이상이 결정하게 만들 것.

일단 불황기에 비용절감보다 기업에 내재되어 있는 복잡성을 제거해야 이윤으로 돌아온다는 것을 인지해야 할 것 같다. 일례로 미국 패스트푸드점인 '인앤아웃'은 복잡성을 제거하고 단순함을 유지하는 도구로 '4'자를 활용했다. 이를 테면 제품군은 버거, 프렌치프라이, 세이크, 소다 4종류이며, 점포인테리어 색깔도 빨강, 노랑, 회색, 흰색 4가지 색이다. 심지어 매장 직원과 계산대도

4명과 4개를 원칙으로 한다. 이를 통해 재료, 구매, 제품 제작, 고객 서비스 등 각 부문의 역할이 명확해지고 구매나 관리비용 또한 저렴해졌다고 한다. 그렇다면 위의 사례처럼 복잡성은 기업이나 조직에 어떤 영향을 미칠까?

첫째, 시간과 자원의 낭비를 초래한다. 불필요한 보고, 부처 간의 업무 떠넘기기, 비효율적인 회의 등으로 인한 근무시간 낭비는 비본질적인 업무에 시간과 자원을 쓰게 만들어 궁극적으로 기업의 수익성을 저해한다.

둘째, 조직에 대한 만족도와 동기를 저해한다. 직원들은 초기에 업무를 배우며 그 과정에서 발견한 시스템의 문제를 개선하려 할 것이다. 그러나 자신의 아이디어가 벽에 부딪히고 조직의 복잡성이 시스템의 개선을 얼마나 어렵게 만드는지 경험하면 좌절과 무력감에 빠져 가치를 창조하는 일에 몰두하지 않을 것이다.

셋째, 이는 결국 고객과 시장에 대한 경쟁력 저하로 이어질 것이다. 내부 회의를 수없이 반복하면서 '나는 열심히 일하고 있다'고 착각하는 동안에 안타깝게도 회사의 본질적인 경쟁력을 고민할 시간을 잃어버리게 된다.

그렇다면 조직 내 복잡성을 제거하려면 어떻게 해야 할까? 먼저 리더 스스로 복잡성의 근간이 되는 불안과 두려움을 줄여야 한다. 더불어 새로운 것을 받아들이기 이전에 과거의 것을 반복하려는 경향에서 벗어나 복잡성의 요소를 파악하고 개선방안을 제안하는 방법을 적극 모색해야 한다. 이렇게 불황기에는 할 일이 많다.

광고 삭감을 신중히 하고
전략적으로 가격 인하를 고려한다

불황기가 오면 통상적으로 광고비는 고객관리 예산과 더불어 비용 삭감의 주요 타깃이 되어왔다. 그러나 이런 정책이 고객서비스의 수준을 낮추고 나아가 시장 점유율 하락의 요인이 된다는 사실을 간과하는 경우가 많다.

최근 이런 기업의 현상을 연구해온 한 학술연구는 '불경기에 광고를 늘린 기업들이 불황기 중이나 후에도 더 높은 매출과 시장 점유율, 수익을 올린다'고 역설하고 있다. 따라서 불황이라고 단기적인 전략으로 단기적인 결과를 얻어내기보다는 장기적 건전성을 위해 효과적으로 브랜드 구축에 투자하는 것이 바람직하다. 어려운 시기에 광고를 통해 존재감을 드러내는 것은 잠재 고객 발굴뿐만 아니라 미래 시장개척에도 도움이 되며, 이를 결정하기 전 자사의 재무상태나 예상되는 경쟁사들의 광고 전략

등 치밀한 분석을 거친 후에 실행해도 무관하다.

보통 불황기가 오면 대다수의 소비자들은 가격에 민감해진다. 따라서 기업들은 경쟁사보다 먼저 가격 인하를 통해 단시일 내에 자사 매출 규모를 확대해 시장 점유율을 확대하려 한다. 왜냐하면 가격 인하를 통해 매출 규모가 단위당 마진의 감소를 상쇄시켜 수익 규모를 유지시킬 수 있기 때문이다. 하지만 이런 전략을 구사하기 전에 전제되어야 하는 조건이 있다.

먼저 경쟁사보다 낮은 비용으로 제품을 생산할 수 있는 기업이나 경쟁사보다 조속한 시일 내에 생산성을 높일 수 있어야 한다. 그렇지 못하면 설사 경쟁사보다 빨리 도입하더라도 경쟁에서 자멸할 공산이 클 뿐 아니라 중소기업일수록 그 타격이 크다.

문제는 이런 결정을 내리기 위한 꼼꼼한 분석과 더불어 판촉이나 인센티브 제공 등 마케팅 차원의 기획력이 따라주어야 한다는 것이다. 한 경제 전문지에서는 불황기에도 광고를 해야 하는 이유를 다음과 같이 들고 있다.

먼저 경쟁자의 소음 수준(Noise Level)이 내려가 브랜드를 리포지셔닝하기 쉽다는 것이다. 아울러 불황기라 인식되는 침체기 상황에서 기업에 안전한 이미지를 소비자에게 두서없이 인식시키면서 아무리 광고비를 줄인다고 하더라도 낮아진 만큼 브랜드에 대한 구매자 마켓(Buyer Marketing)이 존재한다는 것이다. 또 마케터들이 광고비를 삭감하면 브랜드는 'Share of Mind'를 잃게 되고 'Share of Voice'의 증가는 시장 점유율로 이어질 것으로 보았다.

 월마트는 불황기에 'Save Money, Live Better'라는 캠페인으로 고객에게 한 발짝 다가간 경험이 있다. 결론적으로 불황기라는 명분으로 광고비를 예외 없이 삭감하거나 가격 인하에 섣불리 손대지 않는 것이 좋다. 가격 인하에도 전략과 역량이 필요하다는 말을 흘려들어서는 안 될 것이다.

영화거장들이 예견한
미래의 과학기술

미래학자 최윤식의 〈통찰의 기술〉을 보면 미래를 크게 4가지 범주로 유의미하게 분리하고 있다.

첫째, 미래는 논리적으로 제법 그럴듯한 요소를 갖춘 형태다. 상상컨대 합리적인 현상과 사실을 조합하여 의심의 여지가 없는 시다.

둘째, 확률적으로 일리가 있는 타당한 미래다. 누가 봐도, 경로의존성이 높은 통계에 의지하는 시기를 말한다.

셋째, 확률적으로 일어날 가능성은 낮지만 현실화될 경우 영향력이 큰 임의의 미래다. 여기에는 폭발적인 이슈가 내재돼 있지만 앞서 언급한 대로 발생 확률은 낮다.

마지막으로 규범이나 비전에 따라 선호되는 미래다.

특이한 것은 문화계통 크리에이터들의 작품이 SF 형태 등으로 미래를 앞서서 그리고 선도한다는 점이다. 그 비근한 예가 2002년 스티븐 스필버그가 감독한 〈마이너리티 리포트〉다. 이 영화에서는 신기하게도 장갑을 끼고 데이터를 조작하는 주인공을 만나는 게 어색하지 않다. 영화에서 미래라고 규정했던 상상이 이제는 현실이 되어 키보드, 마우스, 터치스크린 이상의 기술이 보편화되고 있다.

이와 함께 생체 정보를 이용해 본인을 확인하는 홍채인식기술도 등장해 이목을 끈다. 이를테면 범죄자로 주목된 주인공은 자유로운 이동을 위해 불법으로 안구이식수술을 한다. 놀랍게도 금융거래에서 홍채인식기술은 이미 상용화의 수준을 넘어서고 있다. 이 영화에서 상상력을 고조시키는 또 다른 요소는 신문이 패널화돼서 실시간으로 개인에게 뉴스를 전달하는 장면과 배낭 정도의 기계만으로도 하늘을 나는 이동 기술이다. 자율주행 상용화와 별도의 주차 공간이 필요 없는 주차장 개인화도 2002년에는 상상에 불과했다. 사람의 생각을 영상으로 전송하고 파일로 저장하는 행태를 이성적으로 이해할 수 있을까? 단순하게 작가의 상상력에 의해 만들어졌다는 인식 외엔 달리 설명할 도리가 없다.

이런 추세는 〈백 투 더 퓨처〉와 〈아이언맨〉에서 보다 구체적으로 구현된다. 영화 속으로 들어가면 하늘을 나는 스케이트보트가 등장하고, 최근 세계 여러 나라에서 시제품을 선보여 10년 뒤 대중화가 예측되는 하늘을 나는 자동차도 스토리와 함께 전개된다.

〈제5원소〉의 주인공 브루스 윌리스도 하늘을 나는 택시 운전사였다. 이밖에 화면분할 벽걸이 TV나 최근 공연과 전시에서 흔히 볼 수 있는 홀로그램과 3D 영화, 구글 글래스를 연상시키는 웨어러블과 영상통화도 이미 여러 영화들에서 나온 장면들이다.

더 올라가 보면 리들리 스콧의 〈블레이드 러너〉(1982)에 이미 빅데이터로 도시를 관리하는 스마트시티가 등장한다.

도대체 영화의 거장들은 어떻게 먼 미래의 과학기술을 예측했을까? 그저 막연한 상상력의 소산이었을까? 혹시 영화적 상상력이 과학자들에게 모티브를 준 것일까? 이 풀리지 않는 수수께끼는 계속 심화될 것 같다. 차라리 영화를 아는 과학자가 나오면 어떨까?

혁신은 왜 파산과 대척점에 서 있는가?

1990년대 코닥은 일회용 카메라를 연간 1억 대 이상 팔았다. 코닥 설립자는 "버튼만 누르세요. 나머지는 우리가 다 할 테니"라며 고객을 적극적으로 유인했다. 2000년 필름 시장이 큰 폭으로 하락할 때까지 코닥은 독점적 기업으로 승승장구했다.

코닥 경영진은, 영원한 시장과 영원한 기술은 없다고 생각했었나 보다. 1975년 코닥은 필름 카메라를 대체할 디지털 카메라를 개발했다. 스티븐 새슨이라는 직원이 엄청난 혁신의 전조등을 켰지만, 그 자신도 후일 어떤 일이 벌어질지 감히 예측하지 못하고 이런 넋두리를 남겼다. "내가 이 일을 하고 있다는 사실을 아는 이는 별로 없었습니다. 왜냐하면 이것은 그렇게 큰 프로젝트가 아니었기 때문입니다."

그로부터 4년 뒤 코닥 연구진은 '2010년 시장은 디지털 카메라로 전환된다'는 보고서를 작성한다. 그 보고서 안에는 이런 내용이 담겨져 있었다.

> ① 모든 것이 디지털화 될 수 없다.
> ② 디지털 카메라는 사진 필름의 해상도를 따라갈 수 없다.
> ③ 사진 필름에게는 30년의 세월이 남았다.
> ④ 눈앞에 수익성이 높은 사업이 있을 때 쓸 데 없는 짓을 하면 안 된다.

하지만 코닥은 1999년 정점을 찍고 뒤이어 급전직하하여 2012년 파산하게 된다. 이후 코닥의 빈자리를 후지필름이 대신하게 된다. 코닥은 비즈니스 형태가 인사이드아웃(Inside-out)으로 필름 강화 쪽으로 투자한 반면, 후지필름은 아웃사이드인(Outside-in)의 포지셔닝으로 사진 인화에 대한 고객 니즈가 사라졌다고 보았다. 그로부터 화장품과 의료기기 등 사업 다각화에 주력하여 거대 경쟁자가 사라진 후 살아남아 미래 시장의 선두주자가 되었다. 후지필름은 2006년 후지필름선진연구소를 설립하여 기술융합과 신상품 및 신기술에 의한 미래 성장동력을 탐색했다.

물론 역사에는 가정이 없다고 하지만, 코닥이 일찌감치 개발한 디지털 카메라에 대한 신념이 있었거나 이후 예측했던 미래

시장 보고서에 눈을 돌렸다면 어떤 결과가 나왔을까? 또 하나, 1999년 최고의 매출을 기록하지 않고 붉은 경고등이 켜졌다면 코닥의 운명은 어떻게 변했을까? 당시 디지털 카메라는 가격이 비싸 주로 언론계 전문가에 의해 사용되었고 필름 수익이 상승되어 디지털 대중화가 유보됐다.

뒤늦게 'We are digital company'라는 슬로건으로 회생을 노렸던 코닥은 기업 흥망사의 한 점을 찍고 역사 속으로 사라졌다. 아이러니하게도 세계 최초의 풀 디지털 카메라는 후지필름에 의해 이루어졌다. "기업은 10분 뒤와 10년 뒤를 동시에 생각하라"는 피터 드러커의 어록이 요즘 들어 매우 시사적으로 들린다. 진정 혁신과 파산은 대척점에 서 있는 것인가.

후쿠다와
카카오

　1993년 6월 7일 이건희 삼성그룹 회장은 프랑크푸르트행 비행기 안에서 삼성 제품의 디자인 실태를 낱낱이, 적나라하게 보고한 일명 '후쿠다 보고서'를 읽고 있었다. 이 13페이지 분량의 보고서는 우리가 너무나 잘 알고 있는 '마누라와 자식 빼고 다 바꾸라'는 신경영의 시발점이 된 스토리다. 이제부터 양보다는 질 위주로 간다는 선언을 촉발시킨 보고서의 키워드는 디자인이었지만, 핵심은 '제대로 된 개혁을 하려면 근본부터 바꾸라'는 강력한 메시지였다. 이 보고서를 작성한 후쿠다 고문은 일본의 유명한 교세라 출신으로 디자인에 대한 근본적 사고를 전환시킨 인물이다. 그의 철학은 다음과 같았다. '디자인은 색이나 모양이 아니다. 기구설계와 금형기술은 하류적 디자인이다. 핵심 디자인은 상품기획이다.'

이 보고서를 접한 이 회장은 삼성전자 임원 200명을 프랑크푸르트로 긴급 소집하여 진정 삼성그룹이 후쿠다 고문의 조언처럼 2류 기업인지 치열한 토론을 벌였으며, 3년 뒤 A4 용지 8,500장 분량의 '지행(知行) 33훈(訓)'을 발간한다. 이는 알고 행동하며 쓸 줄 알고 가르치고 평가할 줄 아는 '지행용훈평'의 준말로, 삼성의 대오각성과 혁신의 의지가 얼마나 남달랐는지 여실히 보여주는 증거다. '지행 33훈'은 지금 어디에 있는지, 어디로 가야 하는지 통찰하며 21세기 디자인 경쟁의 근본적인 대응책을 제시하고 있다. 이 회장을 격노하게 했던 즉흥적이고 감성적인 대응은 이후 어디에서도 찾을 수 없을 뿐 아니라 삼성그룹을 초일류로 격상시키는 계기가 되었다.

30년 뒤 우리는 삼성그룹이 그토록 염원했던 혁신의 한 지류를 만난다. 사업체의 인적구성이나 핵심기술의 변화는 주지 않으면서 사업 방향만 바꾸는 '피봇(Pivot: 회전하는 물체의 중심을 잡아주는 중심점)'이 그것이다. 예상했던 것보다 시장성이 보이지 않거나 성과가 나지 않을 때 과감하게 기존의 계획을 엎어 버리고 방향을 바꾸는 비상수단 같은 것이다.

이 두 개념을 서로 비교하면 내용에 있어 별반 다르지 않아 보인다. 만약 30년 전의 후쿠다가 현재의 피봇팅을 보았다면 동의어라 주장할지도 모른다. 일례로 카카오톡이 초기에는 지금과 같은 형태가 아니었다. 부루닷컴과 위지아라는 쇼셜 기반 서비스를 출시했지만 모두 실패하고 말았다. 그러나 이들은 굴하지 않고 사업 방향을 완전히 전환해 지금의 카카오톡 메신저를 만들었다. 스타트업의 핵심인력과 기술은 그대로 유지하고 사업 방향만 틀어서 성공한 진형적인 피봇팅 사례나.

2015년 인터뷰에서 후쿠다 고문은 삼성을 비롯한 21세기형 기업에게 다음과 같이 조언했다.

"이제 1993년의 이야기는 잊어 달라. 신경영으로 달성한 지금까지의 성공 사례에 대한 기억은 잊고 리셋하지 않으면 안 된다. 지금은 미래에 무엇을, 어떻게 하면 좋을지 삼성 전체가 진심으로 모색해 나가야 할 시기다."

바야흐로 삼성은 13쪽 보고서를 다시 올려야 할 때가 됐다. 위기의 그림자가 넓고 깊게 드리워져 있기 때문이다. 이것은 한 분야의 문제로 국한시켜서는 안 된다. 앞서 신경영과 피봇을 통해 보았듯이 대증적 처방에만 의지해서는 안되며 근본적 문제해결에 전력을 기울여야 한다. 시공을 떠나 후쿠다와 카카오는 그래서 일란성 쌍둥이 같아 보인다.

불황기에 귀사(貴社)의 중심은 어디 있는가?

불황기에 앞서가느냐 뒤처지느냐에 경영이념이 자리 잡고 있다. 왜냐하면 경영이념에는 마케팅의 소비자 관심과 기업의 책임이 맞물려 있으며 심지어 상품 충성도가 이념에 따라 흔들릴 수가 있기 때문이다. 고객의 측면에서 보면 경영의 방향성과 이념에 따라 선택이 좌우되기 십상이다. 여기에 근시안적인 마케팅을 돌파해 거시적인 관점까지 부여하므로 이에 대한 중요성은 아무리 강조해도 부족함이 없다.

경영이념의 변화를 주목해 보면 시장주도권을 좌우하는 근본적인 요인을 밝혀낼 수 있는데 그 흐름은 생산 중심, 제품 중심, 판매 중심, 마케팅 중심, 사회적 마케팅 중심으로 나눌 수 있다.

1. 생산 중심의 기업

기업경쟁력은 곧 생산능력이라 판단해 공급확대, 비용 절감을 통해 저가격화를 실현한다. 그러나 소비자의 요구와 기호를 다양하게 대응하지 못하는 단점이 있다. 일례로 1908년 생산된 포드 모델 T형의 경우가 그렇다.

2. 제품 중심의 기업

소비자는 가장 좋은 품질과 높은 성능을 선호한다는 전제하에 기업은 좋은 제품을 생산하기 위해 주력한다. 그러나 그럴 경우 고객의 요구를 파악하지 못하고 근시안에 빠질 우려가 있다. 타자기의 경우 소프트웨어 개념의 워드프로세서에서 인공지능까지 급격한 변화를 읽지 못했지 않은가.

3. 판매 중심의 기업

보통 이런 성향의 기업은 판매, 즉 완판을 목표로 한다. 따라서 신규고객 확보를 위해 일방적으로 밀어붙이는 푸싱 전략을 모색하기도 한다. 그러나 그럴 경우 구매 만족이나 재구매에 무관심해 장기적 성장이 어려워진다. 우리가 잘 알고 있는 중국 샤오미의 광군제도 온라인을 통해 대규모 판매를 목적으로 하는 경우다.

4. 마케팅 중심의 기업

마케팅 중심의 기업은 관계마케팅을 통해 고정고객을 확보하고 통합적인 커뮤니케이션을 진행해 소비자 체험을 유도한다.(Pull Marketing) 판매 이후에는 고객 만족에 초점을 맞추고 기업의 다양한 기능을 통해 기업활동을 영위한다. 최근 등장한 구독경제나 공유경제, 렌탈 등의 경우에서 흔히 볼 수 있다.

5. 사회적 마케팅 중심의 기업

이 단계는 마케팅 중심사고가 한층 진화된 것으로 사회 전체의 행복이나 이익에 이바지하는 방식으로 고객 만족을 달성한다. 또한 기업의 사회적 책임과 기대 등으로 인해 그 중요성이 점차 커지고 있다. 최근 화두인 ESG 경영(친환경, 사회적 책임·지배구조개선)도 이런 시점에서 주목할 필요가 있다. 불황기에 CEO가 자사(自社)를 어떤 기능을 중심으로 배치할 것인지 고민하고 결정하는 것도 불황기 극복을 위한 경영에 중요한 요소가 될 것이다.

120년 된 할리 데이비슨, 성공체험을 소환하다

2023년 7월 16일 미국 밀워키 시내로 바이크 7,000대가 쏟아져 나왔다. 우리가 잘 아는 할리 데이비슨의 120년을 기념하는 '홈커밍 페스티벌'이었다.

13일부터 시작된 이 축제에는 무려 8만 명이 찾았고 도로는 '두둥두둥'하는 특유의 말발굽 소리로 가득했다. 그야말로 할리 데이비드슨이 아니면 볼 수 없는 장관이었다.

할리 데이비슨이란 무엇인가? 재구매율이 95%인 할리 데이비슨은 세계에서 가장 많이 사용되는 문신의 소재로써 브랜드 충성도를 넘어 고객의 삶과 일치되는 나아가 고객이 최고의 영업사원으로 활동하는 것(브랜드 변호인)을 자부심으로 삼고 있다는 점에서 시사하는 바가 크다.

여기서 정체성이 강한 브랜딩이라는 측면에서 보면 재론의 여지가 없다. 실제로 할리 데이비슨을 사랑하는 고객은 최대 430kg가 넘는 묵직한 차체와 어마어마한 배기량을 자랑하는 엔진 '고등감'이라 표현하는 배기음 등은 어떤 브랜드에서도 찾을 수 없는 정체성이다.

그렇다고 120년 동안 절대적인 꽃길만 걸은 것이 아니었다. 오히려 그들의 1970년은 흑역사였다. 그 당시 할리 데이비슨은 엔진소리가 지나치게 크고 연비 뿐 아니라 코너링도 좋지 않은 B급 브랜드에 불과했으며 결국 예상치 않게 혼다에 밀려 파산 직전까지 갔다.

그러나 그들의 정공법은 경쟁자의 심장부에 가서 경쟁력의 본질을 탐색하는 일이었다. "일본인에게 밀려난 것은 일본에는 우리보다 뛰어난 관리자가 있었기 때문이다. 로봇, 문화, 아침체조, 사가 때문이 아니다. 사업을 이해하고 디테일에 주의를 기울이는, 자기 분야에 정통한 관리자가 있었기 때문이다. 그들이 그러한 결과를 만들었다고 생각한다." (전 CEO 본빌스 포춘지 인터뷰에서)

이후 할리 데이비슨은 '파는 것은 바이크가 아니다. 우리는 체험을 판다'라는 캐치프레이즈 하에 1983년 '할리 오너스 클럽'이라는 커뮤니티를 만들고 'To Ride and Have Fun'이라는 모토 하에 운전자 교육, 단체 오토바이 여행 등 다양한 행사를 열어 오늘날 130만 커뮤니티를 결성하고 드디어 업계의 정상을 탈환하였다.

1981년 혼다공장 견학이 한 자릿수로 급락한 점유율과 존재감 없던 경쟁자(혼다, 야마하, 스즈키 등)의 선점, 치솟는 유가와 금리라는 불안정한 상황에서 유일하게 대안이었다는 것이 놀랍기만 하다. 그들은 그것을 한마디로 경쟁자의 심장에서 눈에 번쩍 뜨인 경험이라고 후술한다. 깨끗한 공장과 중간직이든 생산직이든 주인의식을 가진 직원, 재고가 쌓이지 않는 혼다의 적시 생산방식 등….

남성성과 자유를 내지르는 확성기 바로 할리 데이비슨의 심장소리를 내기 위해 그들은 오늘도 거리로 나선다. 앞으로 미래의 100년도 그러할 것이다.

Out Of Box
불황 밖으로

애플이 아이팟을 더 이상 생산하지 않겠다고 선언했을 때 소비자는 두 번 놀랐다. 하나는 21년간 아이팟이 팔리고 있었다는 것이고, 또 하나는 아이팟이 소진된다는 뉴스를 접하고 매장으로 달려간 소비자의 숫자가 어마어마했다는 사실이다. 현재 이베이에는 아이팟 미개봉 상품이 2만 9,999달러(약 4000만 원)에 매물로 나와 있다.

여기서 한 가지 짚고 넘어가야 할 것은 세상을 바꾸고 애플을 세계 1위 기업으로 만든 효자상품이 아이폰이 아니라 아이팟이라는 사실을 아는 사람이 그리 많지 않다는 것이다. 2001년 컴퓨터 메이커 애플은 1990년대 내내 마이크로소프트의 PC에 밀려 영원한 2인자 취급을 받았다. 문제는 애플의 역량으로 시장지배구조상 뛰어넘을 수 없는 자기만의 한계를 갖고 있었다. 게다가 퍼스널 컴퓨터 시장은 이미 포화상태에 빠져 있었다.

애플의 입장에서 컴퓨터 대신 들고 다닐 수 있는 기기가 다음 시장의 주역이 될 것이라는 예측은 충분히 하고 있었다. 그러나 이 또한 결정을 내리기에 조심스러운 일면이 있었는데, 일례로 '뉴턴'이라는 개인정보단말기(PDA)를 출시한 후 5년 내에 퇴출시킨 불편한(?) 경험이 있었다.

이에 굴하지 않고 그들은 고정관념을 바꾸는 새로운 발상, 즉 박스로의 탈출을 시도했다. 비록 흔하디 흔한 MP3 시장이지만 고객이 무언가 특별한 요구를 하고 있다고 생각했다. '크고 불편하거나 작고 쓸모없는' 기존 시장에 조작이 편리하고 내부에 최대한의 용량과 기능을 집어넣을 뿐 아니라 이와 대등한 또 다른 페인포인트를 해결해주기를 원했다.

여기에 애플은 클릭힐이라는 획기적인 UI(User Interface)로 고객의 눈을 단번에 사로잡는 파격적인 시도를 했다. 기존의 MP3 플레이어는 곡을 찾기가 고문에 가까웠는데 표면을 문지르고 누르는 클릭힐이 이 문제를 직관적으로 해결했다. 여기에 애플은 아이튠즈라는 플랫폼(음원 서비스)을 창출하여 '아이팟+아이튠즈' 콤비를 통해 음악 판매 1위에 올라섰다. 불황이라고 해서, V노믹스라 해서 철옹성 같은 박스에 갇혀서는 안 된다. 아이팟에서 볼 수 있는 '표면을 문지르고 누르는' 획기적인 발상은 불확실성에도 '아웃 오브 박스'하려는 역동성으로 그 결과를 얻어낼 수 있다.

새끼 때부터 말뚝에 매여져 훈련받던 코끼리가 말뚝을 벗어나려 할수록 체벌을 받고 더 큰 말뚝에 묶이게 되면 성인이 된 코끼리는 어떤 반응을 보일까? 아마 성인 코끼리는 '이 말뚝은 탈출할 수 없는 존재'라고 스스로 강제할 것이다(불행하게도 성인 코끼리는 박스 안에 영영 갇히게 될 것이다). 그래서 코로나19라는, 디지털이라는, 그리고 헤쳐나갈 수 없는 안개와 같은 불황기라는 인식의 감옥에서 과감히 벗어나라. 혁신적인 발상으로 시장을 개척하라. 문제는 결정적인 순간에 세상을 바꾸는 실행력을 진정 갖추고 있느냐에 달려 있다.

가치를 제안하는 기업이
승승장구 하는 이유

사람들은 왜 롤렉스 시계에 열광하고 소유하기를 열망할까? 저가 항공사나 인터넷 뱅킹은 왜 고객들의 이목을 끄는 걸까? 단지 저렴하고 편리하다는 이유 때문일까? 이런 표면적인 측면보다는 이들 기업이 추구하는 가치 제안이 소비자들을 설득하는 요인으로 작용하기 때문이다.

〈절대 실패하지 않는 비즈니스의 비밀〉의 저자 마이클 르뵈프 교수는 브랜드를 팔지 말고 가치를 고객에게 제공하라고 주장하는 대표적인 학자다. 그는 구체적인 예를 들고 있다. "내게 옷을 팔려고 하지 말아요. 대신 세련된 이미지와 멋진 스타일, 그리고 매혹적인 외모를 팔아주세요. 내게 보험상품을 팔려고 하지 말아요. 대신 마음의 평화와 내 가족을 위한 안정된 미래를 팔아주세요. 내게 집을 팔려고 하지 말아요. 대신 안락함과 자부심,

그리고 되팔 때의 이익을 팔아주세요. (중략) 내게 비행기 티켓을 팔려고 하지 말아요. 대신 제 시간에 안전하게 도착할 수 있다는 약속을 팔아주세요. 내게 물건을 팔려고 하지 말아요." 이런 제안이 결국 마케팅과 브랜딩으로 이어진다는 사실을 안다면 제품과 서비스에 매여 있는 기업들에게 일종의 경종이 울릴지 모른다.

이러한 가치 제안(Value Proposition)에는 제품과 서비스가 해결할 수 없는 문제를 풀 수 있는 솔루션이 담겨 있다. 최근 스마트폰이나 스마트워치, 스마트 스피커, 블루투스 이어폰 등을 구매하는 고객에게는 제품의 새로움에 반하는 특별한 가치가 내포돼 있다. 블루투스 이어폰 하나에도 고객에게 편리함과 유용성에 대한 가치 전달이 내포되어 있다는 것은 어찌 보면 가치에 대한 새로운 발견이다.

그렇다면 가치 제안이라고 확정할 수 있는 코드는 무엇일까. 먼저 새로움이다. 앞서 언급한 새로운 전자기기가 그것이다. 두 번째는 가격인데 가치 혁신은 가격과 품질의 두 구조로 이루어져 있다. 디지털 성능이 고객에게 주는 세렌디피티(Serendipity: 뜻밖의 재미)도 가치 제안의 일종이다.

아울러 디지털 마케팅의 핵심인 고객 맞춤형이나 커스터마이징, 디자인, 브랜드 지위를 염두에 두어야 한다. 마케팅 전략적인 측면에 보면 더 비싸게 더 많은 혜택을, 같은 가격으로 더 많은 혜택을, 더 싼 가격으로 같은 혜택을, 훨씬 싼 가격으로 더 적은 혜택을, 더 싼 가격으로 더 많은 혜택을 주는 것도 고려해 볼 만하다. 이처럼 혜택과 가격을 차별화하는 것도 고객에게는 강력한 유인의 한 방편이나 혜택으로 비춰질 수 있다.

바야흐로 기술이 지배하는 시대를 지나 가치의 격차가 기업의 운명을 좌우하는 시대가 됐다. 한 걸음 나아가면 가치의 격차를 벌리기 위해 기업은 고객 경험(CX)을 주목하기 시작했다. 마이클 르뵈프의 말처럼 불만족한 고객의 4%만 불만을 말하고 나머지 96%는 입을 열지 않고 91%는 돌아오지 않는다.

그때, 노키아는
그 이유로 파산의 종을 울렸다

　노키아는 종이제조업(펄프)으로 출발하여 1912년 고무제품을, 1922년 케이블 및 전선사업, 1960년도에는 전자기기, TV, 컴퓨터를 1980년 우리가 아는 통신사업으로 핀란드 수출총량의 20%를 기록하였고 세계 핸드폰 시장의 40%에 육박하였다.
　이런 기업이 파산을 선포하였다. 파산전 CEO인 스티브엘롭의 〈불타는 플랫폼〉 메모에서 노키아의 문제를 공개적으로 지적하고 변화를 요구했지만 모두 허사였다.
　"우리는 불타는 플랫폼에 있다는 사실을 깨달았다. 시추플랫폼에 있으면 불에 타죽고 이를 피하려면 얼음바다로 뛰어들어야 한다. 근무자는 죽지 않기 위해 뛰어내렸고 운좋게 구조된 후 플랫폼이 불타고 있었기에 과감하게 활동할 수 있었다."
　왜 이들은 세계 핸드폰 시장을 장악했음에도 파산의 길을 걸었을까? 그것은 다름아닌 자기 기술에 대한 지나친 확신과 준비되지 않은 선택의 오류였다.

그들에겐 세계 휴대폰 시장의 강자로 부상하는데 일조한 플랫폼 기술인 심비안이 있었다.

그러나 그들은 이 자체 운영체계도 믿지 못하고 2011년 마이크로소프트사와의 협력으로 윈도우폰 운영체제를 채택하였다. 이것이 패착이었다. 윈도우폰은 iOS와 안드로이드에 비해 앱생태계가 부족하고 사용자가 원활히 사용할 수 있는 기능들이 제한적이었다. 이로 인해 소비자의 관심을 끌지 못하고 시장점유율은 더욱 하락하게 되었다.

2007년 애플이 아이폰을 출시하여 스마트폰 시장을 새롭게 정의하기 시작했을 때 노키아는 여전히 피처폰에 집중하고 있었다. 그들은 자신들만이 모든 상황을 통제할수 있다고 믿었으며 작은 상황을 의사결정에서 철저히 배제하였다.

"아이폰은 조크(joke)같은 제품이다. 시장에서 먹히지 않을 것이다. 우리가 정한 것이 표준이다"라고 독설을 퍼붓기도 했다.

그러나 이는 모바일 패러다임의 변화를 읽지 못한 자만감이었다. 기기중심에서 소프트웨어와 생태계 중심으로 전환되었음을 간과한 실수였다. 이쯤하면 노키아의 파산을 견인한 반면교사를 얻을 수 있다.

첫째 자기 기술의 지나친 확신이요, 시장점유율에 대한 확신과 스마트폰 기술혁신을 이루고도 상용화 시키지 못한 판단의 오류이다. 마지막으로 협업 대신 독자노선만을 고집한 시대착오적인 상황인식이었다.

불황기가 오면 모호하고 복잡하며 경계선 없이 넘나드는 신규 경쟁자를 대응하다 보면 부분적인 정보를 받아들여 성급히 판단하는 오류가 있다.

이를 선택적 지각오류라 하는데 노키아와 같은 사례로 폴라로이드를 들 수 있다.

폴라로이드는 1948년 개발되어 이틀 인화될 것을 1분에 뽑아내는 즉시성으로 인해 공전의 히트를 쳤다. 그러나 이들에게도 빠르게 변화하는 트렌드를 방어할 역량이 없었다. 촬영에서 저장까지 간편하게 처리할수 있는 디지털카메라가 등장한 것이었다. 2011년 폴라로이드는 아쉽게 파산을 신청하고 역사속으로 사라졌다.

왜 그들은 디지털카메라처럼 기술혁신에 대응하지 못했을까? 역사에는 만약이라는 단어가 없다지만 만약 애플의 iOS생태계를 노키아가 주목했거나 구글의 개방형플랫폼을 더 가까이 다가서서 들여다 보았다면 노키아의 미래는 어떠했을까?

안타깝게도 그때 그날, 노키아는 속수무책으로 파멸의 종을 울리고야 말았다.

왜 코카콜라는
북극곰을 모델로 사용했을까?

 1892년 설립된 코카콜라는 120년 넘는 역사를 지닌 기업으로 2012년까지 브랜드가치 순위에서 부동의 1위를 차지했다. 이런 성적을 내기까지 북극곰이 이바지한 바가 크다. 왜 코카콜라는 북극곰을 모델로 사용했을까? 결론은 하나다. 시원함. 갈증 해소에 북극곰을 연상시킨 것이 효과를 본 것이다.
 특정 기업 또는 제품을 떠올릴 때 주저 없이 연상되는 브랜드의 이미지, 가치의 효과가 그만큼 중요하다. 이미지를 보는 순간 소비자는 정보를 처리하고 저장하는 프로세스가 작동한다. 소비자는 외부 자극에 대한 노출, 주의, 해석을 다루는 지각과 기억으로 저장되는 정보 처리 과정을 거친다. '딱 주행한 km만큼 내세요'라는 자동차보험 광고 역시 소비자의 처리 과정을 염두에 둔 돌발적인 시도다.

아마 마케터는 코카콜라의 시원함을 인지시키기 위해 북극곰을 이용해도 무방하리라 생각했을 것이다. 소비자는 관여도(정보 탐색 과정에서 시간과 노력을 기울이는 정도)가 높으면 주의를 기울인다. 하지만 그렇지 않다면 마케터는 자극을 통해 소비자의 주의를 유도해야 한다.

100년 동안 여러 모로 노출된 코카콜라는 자극이란 과정을 거쳐 주의를 집중시킬 수단이 필요하다고 강하게 느낀 것 같다. 그렇다면 주의를 끄는 데 영향을 미치는 요인은 무엇일까? 첫째, 제품에 대한 욕구가 확정된 소비자. 둘째, 소비자와 연관성이 높을수록 더 많은 관심을 기울인다. 셋째, 산악자전거 판매 광고처럼 동기를 이해하고 목표 대상자를 위한 전략을 구상할 때 주의에 영향을 미친다. 마지막으로 자극에 대한 소비자의 노출과 빈도다. 동일한 자극에 반복적인 노출된 소비자는 적응해 더 이상은 주의를 기울이지 않게 된다.

그렇다면 고객은 어떻게 정보를 처리할까? 고객은 지각적 조직화 및 해석에 따라 정보를 처리한다. '지각적 조직화'는 여러 단편적인 정보를 통합하고 의미있는 정보를 만드는 과정이다. 예를 들어 광고의 배경 음악이나 이미지 등을 통으로 받아들이는 과정이다. 지각적 해석은 고객이 기존 기억 속의 지식과 관련지어 자신의 방식으로 의미를 부여하는 것이다. 이를 테면 태블릿을 스마트폰의 연장선상으로 기억하거나 혹은 노트북으로 간주하는 사람이 있다.

지각적 조직화를 위해 시원한 북극과 포근한 북극곰의 이미지까지 장기적으로 노출된 소비자가 바라본 북극곰의 상징적 이미지와 기억은 거부감 없이 연상네트워크(schema)에 의해 해석된다. 간혹 메시지 왜곡이 발생하면 소비 상황을 지속적으로 모니터링하고 자신들이 추구하는 방향과 고객의 해석이 일치하는지 면밀히 점검해야 한다.

북극곰의 장기집권(?)이 끝난 코카콜라는 젊고 활력 넘치는 브랜드 구축을 위해 열심히 일하고 있다. 팬층이 두터운 K-POP 아이돌 그룹인 뉴진스를 투입한 마케팅으로 혁신적인 전환을 꾀하고 있다는 느낌이다.

불황기 램프증후군은 어떻게 나타나는가?

　예측불가능성이 높아지고 국제 및 사회적 분위기와 구조가 흔들리면 사회는 물론 기업은 실제로 일어날 가능성이 거의 없는 일에 대하여 과한 걱정을 하는 램프증후군에 빠져든다. 이 용어는 〈알라딘과 요술램프〉 유래된 것으로 마법사에게 속아 램프를 훔치게 된 알라딘이 램프의 요정 지니의 도움으로 위기를 극복하고 공주와 결혼하게 되는 천일야화중 하나이다.

　여기서 램프의 요정 지니의 도움으로 위기를 극복하는 과정도 눈길을 끌지만 곤경에 처할 때 마다 램프를 문지르면 어김없이 나타나 어려움을 해결해 주는 요정 지니의 역할은 큰 믿음의 대상으로 인식된다. 그렇다고 하면 알라딘에게 있어 지니를 부를만큼 실제적으로 큰 문제가 존재했으며 해결하기 어려운 일만 있었을까? 아마도 이런 문제보다 '예측불가'한 상황이 더 지니의 출연을 요구했을 것이다. 누군가가 연이은 어려운 문제를 해결해주고 그 해법을 찾아주는 일종의 멘토 같은 존재 말이다.

그것은 단조롭고 규칙적인 사회가 산업화와 정보화 사회로 진입하면서 인터넷이나 SNS로 인한 과도한 정보와 불확실성, 치열한 경쟁력과 성과에 대한 부담감과 코로나19등의 예기치 않은 일들의 연속이 기업CEO들로 부터 램프증후군에 빠져들게 하는 원인이 되었을 것이다.

특히 상상치 못했던 전쟁과 경기침체등의 참화가 필터링없이 전달되어 예상치 못하는 변수를 불러오고 예측할 수 없는 위험에 민감하게 되었을 것이다.

그렇다면 불황기에 나타나는 램프증후군은 어떻게 나타날까?

첫째 수익창출을 상실할 두려움에 광고마케팅을 절감하려할 것이다. 이 시기에 경비절감은 고용에 영향을 미치기도 한다. 자칫하면 시장점유율을 하락시킬 수도 있게 된다. 정반대로 브랜드 구축의 기회를 얻을 수도 있다.

둘째 '불황기'라하여 신제품 출시를 유보하려 들 것이다. 일단 신규투자에 부담을 느낄 것이며 신제품출시에 소극적일 것이다. 이를 등한시 할 경우 공격적 경쟁자가 시장을 잠식할 가능성이 높다.

마지막으로 R&D전략을 유보하려 들 것이다. 제품개발의 바탕이 되는 R&D전략의 예산을 삭감하거나 유지하려 할 것이다.

이런 판단은 바람직하지 않다. 단기적인 투자로 신속한 수익을 낼 수 있도록 전환하여야 하며 가격민감도를 반영한 매력적인 상품을 개량할 뿐더러 현재 생산라인을 통해 제작할수 있는 변형제품도 시도해 볼만하다.
불황기라하여 위축되거나 비용절감에 몰두하는, 일종의 불안감이 연속되는 램프증후군을 벗어나야 한다.
이를테면 소비자들에게 어필할 수 있도록 최신 트렌드가 반영된 상품개발에 박차를 가하거나 어려운 시장상황에도 소비자의 니즈를 꾸준히 탐색하는 노력을 기울여야 한다.
세계적인 경제지 포춘지는 "불황기에 시설투자를 하고 호황기에 비용절감을 시도하는 기업이 미래를 바라보는 기업이다"라고 조언하고 있다.
거듭되는 불황기에 근심이 많은가? 뚜렷한 주제없이 잔걱정이 많은 '범불안증세'를 보이는가? 수시로 걱정거리를 떠올리는 '과잉근심증후군'인가?
미국심리학자 어니 젤린스키는 불황기에 접한 이들에게 다음과 같은 위로와 격려를 해주고 있다.
"걱정의 40%는 절대 현실로 일어나지 않는다. 걱정의 30%는 이미 일어난 일에 대한 것이다. 걱정의 22%는 사소한 고민이다.

걱정의 4%는 우리 힘으로 어쩔 도리가 없는 일에 대한 것이다."

결국 96%의 걱정은 하나마나한 셈이며 '걱정해서 걱정이 없어지면 걱정이 없겠다'는 속담을 떠올리게 한다.

청컨대 램프의 요정 지니를 불러내 단순히 소원을 빌거나 환경을 탓하기 보다는 적극적으로 대응하고 긍정적인 시각으로 접근하는 전략적 사고방식에 큰 주안점을 두었으면 한다.

위기의 백신,
정체성을 회복하라

#1

　1982년 9월 미국 시카고에서 누군가에 의해 독극물이 투입된 진통제 타이레놀을 복용한 시민 7명이 숨지는 사건이 발생했다. 이 상황은 존슨앤존슨을 점점 코너로 몰고 갔는데, 소비자들은 다른 제품에도 안전성과 신뢰성에 의문을 표했고 기업의 가치는 10억 달러 이상 하락했다. 당시 존슨앤존슨의 최고경영자 제임스 버크는 신속하고 공정하게 대처했다. 우선 타이레놀 광고를 전면 중단하고 전국의 병원과 약국에 급전을 보내 타이레놀을 처방하거나 판매하지 말도록 당부했다. 미국 전역에서 유통 중인 타이레놀 전량을 수거했고, 캡슐 생산을 중단하고 위험성 없는 알약 제품으로 교환해줬다. 이후 소비자들은 존슨앤존슨을 신뢰했고 타이레놀의 시장점유율은 회복됐다.

#2
누가 미쉐린타이어를 전통기업이라고 하는가?
-전통기업, 디지털전환으로 오래 생존하기-

조금 뒤늦은 바가 있지만 전통기업의 디지털전환은 실험대를 거쳐 부분적으로 정착하는 분위기이다. 한때는 70%의 기업이 디지털트렌스포메이션에 실패하여 규모가 적은 기업의 입장에서 결정하기가 쉽지 않은 분야였음은 두말할 나위가 없었다.

그러나 기존 비즈니스모델이 한계에 봉착하고 데이터 기반의 혁신이 가속화 되어가는 상황에서 이 거대한 전환은 이전과 다른 고객, 프로세스, 서비스경쟁을 가속화 시키는 직접적인 요인이 되었다.

특히 기업과 연관된 고객은 순간순간 온오프라인을 넘나들며 적극적으로 정보를 탐색하고 참여하여 알리는 과정까지 어려움 없이 수행(?)하고 있다.

그중에 100년이상 전통기업에 머물러 있던 미쉐린타이어의 디지털전환 사례는 눈여겨 볼만하다. 미쉐린타이어는 현재 승용차, 트럭, 오토바이등 다양한 차량용 타이어를 생산하며 고성능 타이어시장에서도 높은 점유율을 차지하고 있다.

이들은 2000년 트럭업체를 위한 '맞춤형서비스'를 처음 내놓았는데 서비스라야 매달 약간의 수수료를 받는 조건으로 타이어를 관리해 주는 정도였다. '서비스로서의 타이어(tire as a service)'

라는 이 모델에 디지털을 입히는 작업 즉, 타이어와 엔진에 자그마한 센서를 부착하였다.

이를 통해 트럭별 연료소비량, 타이어 압력, 속도, 위치 등의 정보를 수집한 뒤 트럭업체에 타이어 교체시기, 운전습관 개선 등을 알려주는 새로운 서비스를 2013년 시작하였다. 이 서비스 이후 타이어 교체주기가 15% 늘어나고 100km당 25L의 연료가 절약된다는 통계로 인해 수십만대가 회원으로 등록되는 결과를 가져오기도 하였다.

새로운 사업이 성공하자 미쉐린은 "우리는 더 이상 타이어 제조업체가 아니다, 디지털 서비스 업체다'라고 천명하였다.

이때부터 미쉐린 경영진은 미래를 다르게 보았다. 디지털이 반드시 세상을 바꿀 것이며 이 흐름을 타지 못하는 업종에 관계없이 도태된다고 생각했다. 따라서 그들은 디지털에 맞게 시스템을 하나, 둘 바꿔나갔다.

대표적인 것은 공장직원들에게 디지털 시계를 지급해 시간대별로 해야 할 일을 알려준 것이다. 그랬더니 실수가 줄어들고 직원들의 업무만족도가 높아 지면서 생산성도 향상되었다. 이들은 여기에 그치지 않고 자동차 산업에 발 추어 전기차, 자율주행차 시대에 맞는 서비스를 개발하고 온라인 판매채널을 강화하여 고객접점을 확대 히였다. 아울러 친환경 타이어와 같은 신제품 개발에도 적극적으로 나설 것으로 전망된다. 영국의 항공기 엔진 제조업체 롤스로이스도 미쉐린과 비슷 전략을 통해 성장했다. 롤스로이스는 엔진과 추진시스템에 부착한 수백개의 센서로 진동압력온도, 속도 등의 데이터를 실시간 수집한 뒤 엔진결함 및 교체시기를 분석해 항공사에 유료로 제공하는 '토털케어 서비스'를 실행하고 있다. 이는 기체결함으로 인한 손실을 줄이고 연료사용량도 최적화 할 수 있는 서비스라고 한다. 이를두고 항공사들이 마다할 리 없었다. 토털케어를 통해 롤스로이스가 벌어들이는 수익은 엔진판매수익과 맞먹을 정도라니… 여기서 한 가지 구별해야 할 것은 공장 생산라인과 마케팅등 특정기술과 전략팀에 제한적으로 적용하며 디지털패러다임을 바꾸는 기술혁명과 기업전반에 영향을 미치며 상호다차원으로 연결되는 디지털트랜스포메이션과 구분되어야 한다는 점…

더불어 디지털 기술을 사용하여 효율성을 높이기 위해 고객과 직원에게 더 많이 투자해야 한다는 나이키CEO 존도나호의 충고는 한번쯤 되새겨 볼만하다.

그런 측면에서 미쉐린타이어의 디지털비지니스에 대한 약진은 찬사를 받아도 부족함이 없다.

감정,
평생고객을 만드는 홀마크

〈감성 마케팅〉을 쓴 저자 스콧 로비넷은 '경험'을 '기업과 소비자가 감각적 자극, 정보, 감성을 교환하는 접점의 집합'이라고 정의했다. 고객경험이 대세를 이루는 시대에 감정, 감성, 정보가 고객가치를 유발하는 주요한 요소라는 것은 조금이라도 마케팅을 경험해본 전문가라면 어렵지 않게 이해할 수 있다.

그렇다면 감성(Sensibility)과 감정(Emotion)은 어떻게 다를까? 전자는 신체 및 감각기관에 연계해 어떤 대상이나 상황에 의해 나타나는 인간의 내적 상태, 즉 무의식적인 생리작용을 말하는 것이며, 후자는 느낌이나 인지 등에 관련된 감각능력을 의미한다. 한마디로 우리가 인지하는 오감(시각, 청각, 미각, 후각, 촉각)을 이용한 마케팅은 스타벅스의 사례에서 여실히 살펴볼 수 있다. 문제는 생활 감정인데 이를 촉발하는 데에는 나이, 성별, 교육 등의 개인적 요인과 가족관계, 지역사회, 자연환경 등의 사회적 요인이 복합적으로 작용한다. 여기에 K-한류에서 보듯 전통, 풍습, 인종, 생활 등의 문화적 요인도 영향을 미친다.

이런 세 요소가 융합된 감정은 고객에게 가치충족, 혁신, 브랜드, 라이프스타일 등의 모습으로 나타난다. 아무리 디지털의 편리함과 기능이 강조되더라도 구매자에게는 가치, 메시지, 감동의 위력을 부인할 수 없다.

감정은 마케팅 전략에서 소비자의 정서에 영향을 미치고 브랜드와 소비자 사이의 유대관계를 돈독히 하며, 이렇게 차별화된 이미지는 고객 충성도를 강화시킨다. 여기에는 타인 관계에 소외되지 않으려는 심리인 밴드웨건 효과와 허세, 유머, 자유분방함을 표방하는 스웨그 효과, 그리고 '삼시세끼'의 유해진과 차승원같이 서로 다른 객체가 만나면서 발생하는 상승효과와 관심을 끄는 케미 마케팅이 작동한다.

이제 고객은 과다한 정보 속에 자신이 필요한 정보만을 선택하고 구매 행동 이전에 이미 사고 싶다는 욕망의 감정을 가진다. 더불어 제품에 기대하는 좋은 감정이 욕망화되는 순간 '잇템'(it item: 꼭 있어야 하거나 갖고 싶은 아이템)이라는 관점으로 바뀌고 이와 관련된 가치를 추구한다.

그렇다면 감정은 어떤 소비를 불러오는가? 바로 '제주 한 달 살기'와 같은 경험소비와 기부금 모집 시 시간을 요청하고 감정적인 스토리를 통해 기부금액을 상승시키는 관계소비로 이어진다. 소속감, 자존감, 자아실현, 동질감 등이 구현되는 인스타그램처럼 자아실현 소비도 감정에 의한 마케팅으로 분류된다.

  2009년 금융위기가 미국을 강타했을 때, 현대자동차는 차량 유지가 어려운 고객을 위해 되사주는 어슈어런스 프로그램을 통해 신뢰도를 높인 바 있다. 도브는 오랫동안 여성들에게 '자신의 외모에 자신을 가져라'라는 '리얼 뷰티' 캠페인을 진행하고 있다. 이 역시 여성 소비자들의 숨겨진 감정을 이끌어낸 감정마케팅으로, 구매자가 인간으로 남는 한 앞으로도 꾸준히 지속될 것으로 전망된다.

맹명관 박사

publisher   instagram

마케팅을 찢다

초판 발행 2025년 3월 7일
지은이 맹명관
펴낸이 최대석 **펴낸곳** 드러커마인드 **출판등록** 307-2007-14호
등록일 2006년 10월 27일
주소 a1. 서울특별시 종로구 종로1길 50 더케이트윈타워 B동 위워크 2층
      a2. 경기도 가평군 경반안로 115
전화 031-581-0491
전자우편 book@happypress.co.kr
정가 22,000원   **ISBN** 979-11-94192-22-0 (03320)

*'드러커마인드'는 '행복우물'출판사의 임프린트입니다